Das neue farbige
KINDERLEXIKON
der Geschichte

Beratender Historiker
Antoine Sabbagh, Paris

Kathographie
Bernard Sullerot, Paris

Abbildungen
Seiten: 97, 102-103, 118-123, 146-148, 161, 162,
170-171 Michael Rogge, München
Alle anderen: Véronique Ageorges, Jean-Alexandre Arques,
Sophie Beaujard, Yves Beaujard, Andrée Bienfait,
Bernard Coppens, Christian Maucler, François Pichon,
Grégoire Soberski, Etienne Souppart, Amélie Veaux,
François Vincent, alle Paris

Übersetzung
Ch. und V. Maasburg, München

Redaktion der deutschen Ausgabe
W. M. Riegel, München

Gesamtherstellung
Maasburg GmbH, München

© 1992 Editions Nathan, Paris
© 1993 für die deutschsprachigen Rechte bei
Bechtermünz Verlag GmbH, Eltville am Rhein
ISBN 3 86047 059 0

Jean-Paul Dupré

Das neue farbige
KINDERLEXIKON
der Geschichte

BECHTERMÜNZ

INHALTSVERZEICHNIS

NEUZEIT

MODERNE ZEIT

Meilensteine der Geschichte

VORZEIT

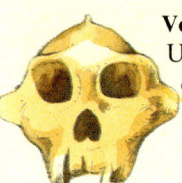

Vor 3 Millionen Jahren
Unser ältester Vorfahre,
der Australopithecus,
lebt in Afrika

Vor 2 Millionen Jahren
Der Homo habilis fertigt die
ersten Werkzeuge

Vor 1 Million Jahren
Der Homo erectus
verbessert seine Werkzeuge
(Afrika-Europa-Asien)

ALTERTUM

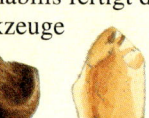

Um 3500 v. Chr.
Die Sumerer
erfinden die erste
Schrift

Um 2500 v. Chr.
Erste indische
Kultur:
Induskultur

Um 1200 v. Chr.
Gründung
griechischer Städte

Um 3200 v. Chr.
Ägyptische Kultur

MITTELALTER

6. Jahrhundert
Barbarische Königreiche
in Europa

610
Mohammed
verkündet den
Islam

10. Jahrhundert
Die Feudalgesellschaft
in Europa

7. Jahrhundert
Höhepunkt der
Mayakultur

800
Kaiserkrönung
Karls des Großen

NEUZEIT

1492
Christoph
Kolumbus
entdeckt
Amerika

16. Jahrhundert
Renaissance in Europa

1510
Beginn des Skla-
venhandels

1517
Reformation.
Luther begründet eine
neue Religion:
den Protestantismus

MODERNE ZEIT

1861
Italienische Einheit.
Entstehung
des italienischen
Königreichs

1871
Deutsche Einheit.
Entstehung des
Deutschen Kaiserreichs

1868
Meiji-Ära:
Japan öffnet sich
dem Westen

1902
Afrika ist fast
vollständig von den
Europäern kolonisiert

1914-1918
Erster Weltkrieg:
9 Millionen Opfer

6

Vor 600 000 Jahren
Der Mensch zähmt das Feuer

Vor 40 000 Jahren
Der Cro-Magnon-Mensch
kommt aus Afrika und
läßt sich in Europa, Asien
und Amerika nieder

Vor 30 000 Jahren
Die Kunst entsteht
Vor 10 000 Jahren
Beginn der Landwirtschaft

Vor 100 000 Jahren
Der Neandertaler lebt
in Europa.
Erste Grabstätten

Vor 3 500 Jahren
Beginn des Metallzeitalters

814 n. Chr.
Die Phönizier gründen
Karthago. Sie kennen
das Alphabet

Um 500 n. Chr.
Das Persische Reich er-
streckt sich vom Indus bis
zum Mittelmeer

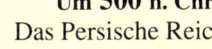

Um 30 n. Chr.
Geburtsstunde des Christentums

753 n. Chr.
Gründung
Roms

221 n. Chr.
Gründung des ersten
chinesischen Reiches
durch Shih Huang-ti

476 n. Chr.
Untergang des
weströmischen Reiches

1095
Beginn des
1. Kreuzzuges

1416-1460
Die Portugiesen
erforschen die
afrikanische Küste

1346
Beginn des 100jährigen
Krieges zwischen
Frankreich und England

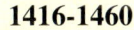

1450
Gutenberg richtet die
erste Buchdruck-
werkstatt ein

1453
Untergang des Byzanti-
nischen Reiches. Türken
erobern Konstantinopel

1521
Untergang des Azteken-
reiches. Südamerika wird
eine Kolonie Spaniens
und Portugals

1640
Englische Revolution

1789
Französische
Revolution

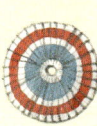

1765
England weitet seinen
Machtbereich auf ganz
Indien aus

1776
Unabhängigkeits-
erklärung der
Vereinigten Staaten
von Amerika

1804
Napoleon I.
wird zum Kaiser
gekrönt

1598
Ende der Religions-
kriege in Frankreich

1917
Russische
Revolution

1945
Beginn der
Dekolonisation
Asiens und Afrikas

SOLIDARNOŚĆ

1989-1991
Untergang der kommunistischen
Regime Europas

1948
Gründung des
Staates Israel

Deutsche
Wiedervereinigung

1939-1945
Zweiter Weltkrieg:
50 Millionen Opfer

1957
Gründung der EWG

Zerfall der UdSSR

7

Die Anfänge der Menschheit

Die *Vorgeschichte* beginnt vor vielen 100 000 Jahren mit dem ersten Auftreten des Menschen auf der Erde und endet mit der Erfindung der Schrift. Dieser Zeitpunkt steht am Anfang der „Geschichte".

War Lucy unser Vorfahre?...

Menschen leben schon seit sehr langer Zeit auf der Erde. 1974 fand man in Südafrika das Skelett eines weiblichen *Australopithecus*, der vor ungefähr 3 Millionen Jahren gelebt haben soll. „Lucy", wie man sie getauft hat, maß 1,10 m und ging vornübergebeugt. Sie war ca. 20 Jahre alt, und ihr Gehirn war um 2/3 kleiner als das Gehirn eines Menschen von heute. Nach dem heutigen Stand der Wissenschaft der Vorgeschichte, ist der Australopithecus der älteste unserer Vorfahren. Er ist der erste, der ein menschliches Aussehen besitzt. Zwar kann er noch nicht sprechen, aber aufrecht auf zwei Füßen gehen.

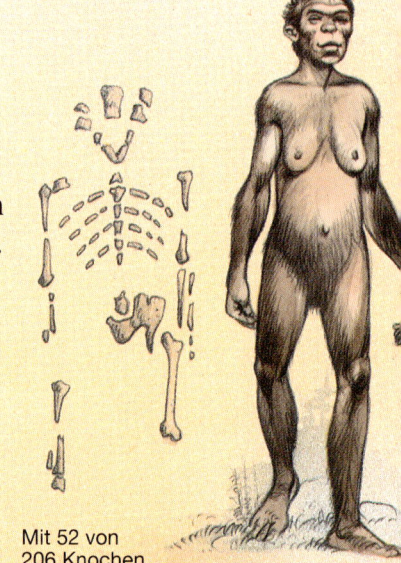

Mit 52 von 206 Knochen konnte man Lucys Skelett rekonstruieren

So hat Lucy vermutlich zu Lebzeiten ausgesehen

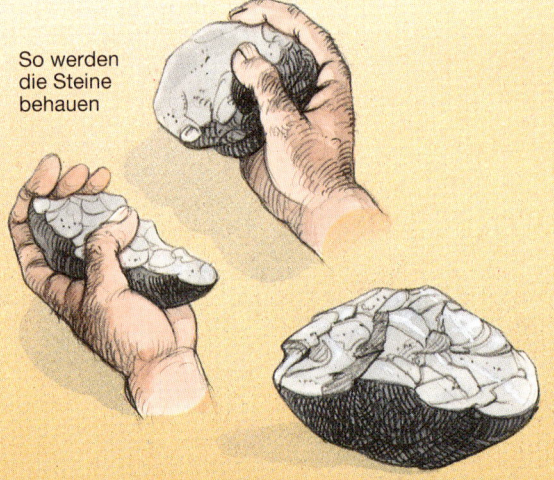

So werden die Steine behauen

Die ersten Werkzeuge und Waffen

Der vorgeschichtliche Mensch lebt von der Jagd, vom Fischfang und dem Sammeln von Beeren und Früchten. Um die Tiere zu töten, benützt er am Anfang zerbrochene und an den Rändern scharfe Steine, die er auf dem Boden findet, aber nach und nach bearbeitet er sie selber. Das sind die ersten Werkzeuge und Waffen, die er immer weiter verbessert.

Der Mensch zähmt das Feuer

Vor etwa 800 000 bis 500 000 Jahren lernen die Urmenschen, wie man Feuer macht und wie man es verwendet. Diese Entdeckung verändert ihr Leben. Nachdem sie es durch Naturphänomene – Waldbrände, Vulkanausbrüche – entdeckt haben, dient es ihnen, um gegen die Kälte anzukämpfen, als Lichtquelle, zum Kochen oder als Schutz gegen wilde Tiere.

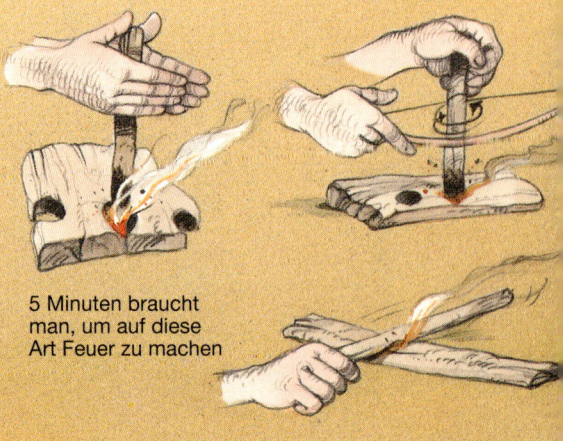

5 Minuten braucht man, um auf diese Art Feuer zu machen

1. Australopithecus
2. Homo erectus
3. Homo sapiens

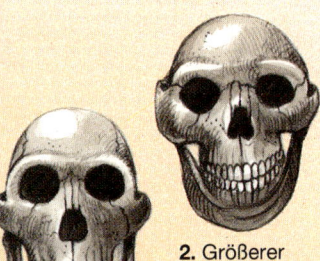
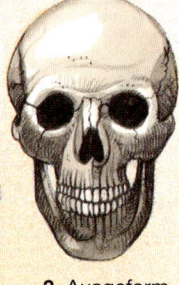

Die Entwicklung der Art

Im Laufe von vielen tausend Jahren erfolgt eine körperliche Veränderung des Menschen: er wird größer, hält sich aufrecht, sein Schädel wird größer. Damit entwickeln sich verschiedene Fähigkeiten, besonders Intelligenz, Empfindungsvermögen und Anpassungsfähigkeit an Veränderungen des Klimas und der Umgebung.

3. Ausgeformter Schädel, gerade Stirn, feines Gebiß, Kinn

2. Größerer Schädel, feineres Gebiß

1. Niedrige, fliehende Stirn, gewaltiges Gebiß

1,20 m

Australopithecus (vor 3 Millionen Jahren)

1,50 m

Homo erectus (vor 1 Million Jahren)

1,70 m

Homo sapiens (vor 200 000 Jahren)

Der Urmensch hat noch Schwierigkeiten, sich gerade zu halten, kann keine längeren Strecken zurücklegen

Er verwendet Feuer, stellt Werkzeuge her, hat mehr Gleichgewichtsgefühl, kann größere Strecken zurücklegen

Er ähnelt stark dem heutigen Menschen, ist sehr geschickt und kann bereits sprechen

Die Bevölkerung der Kontinente

Von Afrika aus, wo man die ältesten Spuren menschlicher Existenz gefunden hat, bevölkert der Mensch zunehmend auch andere bewohnbare Gegenden. Vor ungefähr 1 Million Jahren breitet er sich zunehmend auch auf andere Kontinente, z. B. Asien und Europa, aus.

In jeder Generation verschieben sich die verschiedenen Gruppen um ca. 100 km

EUROPA
Heidelberg
Terra Amata
Torralba
Ternifine
Algerien
Vértésszöllös
KLEINASIEN
AFRIKA
Oldoway
Tansania
China
Tschukoutien
Lantian
Java
Trinil
Sangira

9

Das Paläolithikum (Die ältere Steinzeit)

Der Neandertaler

1858 hat man sein Skelett im Neandertal bei Düsseldorf gefunden. Der Neandertaler gehört der Spezies Homo sapiens an und lebte vor 100 000 Jahren in Europa. Er ist mittelgroß (1,65 m), gleicht uns aber noch nicht ganz, denn obwohl er höher entwickelt ist als seine Vorfahren, wirkt seine physische Erscheinung noch schwerfällig. Er hat eine fliehende Stirn, und über der Augenhöhle ragen knochige Wülste hervor. Der Hinterkopf ist sehr ausgeprägt.

Faustkeile aus Feuerstein

Stichel

Anführerknüppel

Verbesserte Werkzeuge und Waffen

Der Neandertaler bearbeitet den Stein immer feiner. Feuersteinsplitter liefern ihm außer Waffen, die er für die Jagd und das Teilen von Tieren (Hirschen, Rentieren, Wildschweinen etc.) braucht, zahlreiche Werkzeuge, z. B. Schaber, Grabstichel, Bohrer usw. Er beginnt, Knochen und Holz zu bearbeiten.

Knochenzinken

Bearbeiteter Stein in Form einer Hacke

Die ersten Grabstätten

In Frankreich wurden Gräber gefunden, die 80 000 Jahre alt sind. Neben dem Leichnam, der in einen nicht sehr tiefen Graben gelegt wurde, fand man Grabbeigaben wie Tierknochen und Blumenblätter.

Grab

Knochenharpunen

Nadeln aus Elfenbein

Schaber

Klinge

Klinge in Form eines Lorbeerblattes

Speer- oder Lanzenspitze

„Schlüssel" zum Einrichten verrenkter Knochen

Prieme aus Knochen mit eingravierten Pferden

10

Der Cro-Magnon-Mensch

1868 hat man sein Skelett in der Dordogne, in der Nähe des Dorfes Les Eyzies, gefunden. Dieser moderne Mensch Homo sapiens sapiens ist einer unserer direkten Vorfahren; er kommt aus Afrika und hat sich vor 35 000 Jahren in Europa angesiedelt. Er ist groß (1,70 m) und hat regelmäßige Züge: schmaler langer Kopf, hohe Stirn, nur leichte Augenwülste, markantes Kinn. Seine Intelligenz ähnelt der unsrigen. Er kann sich mit Worten verständigen und sich mit Hilfe seiner geistigen Fähigkeiten behaupten. Man nimmt an, daß sich der Cro-Magnon-Mensch vor über 30 000 Jahren auch in Amerika ansiedelte.

Abbildung eines Stiers in der Höhle von Lascaux, einer Kultstätte (ca. 15 000 v. Chr.)

Ein wahrer Künstler

Der Cro-Magnon-Mensch ist der erste, der Waffen, Schmuck und Werkzeuge verziert. Mit einer Fettlampe als Lichtquelle fertigt er Schnitzereien und bemalt die Höhlenwände. Dafür stehen dem Künstler 16 verschiedene Farben aus zermahlenen Steinen zur Verfügung. Die Farben werden mit Tierfett gemischt und mit Haarbüscheln aufgetragen.

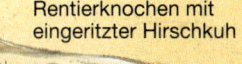

Rentierknochen mit eingeritzter Hirschkuh

Geraderichter für Speerspitzen aus Rentiergeweih

Bemerkenswerte Werkzeuge

Der Cro-Magnon-Mensch erfindet immer leistungsfähigere Werkzeuge und macht große Fortschritte im Behauen des Steins. Er bearbeitet auch Rentiergeweihe und Elfenbein. Indem er gute Waffen mit ausgezeichneter Jagdtechnik verbindet, wagt sich der Cro-Magnon-Mensch auch an Großwild (Bären, Raubkatzen, Mammute, Bisons) heran. Er ist Nomade, zieht viel umher und schlägt sein Lager immer wieder woanders auf. Da er in einem größtenteils kalten Zeitalter lebt, sucht er Zuflucht in Höhleneingängen.

Ein heißer Stein wird ins Wasser geworfen, um es zu erwärmen

Aus Tierhäuten wird Kleidung genäht

Das Neolithikum (Die Jungsteinzeit)

Revolutionäre Veränderungen

Vor nicht ganz 10 000 Jahren erwärmt sich die Erde nach einer langen Periode extremer Kälte wieder. Diese Milderung des Klimas verändert die Umwelt und zieht eine wahre Revolution nach sich: Der Mensch erlernt, die Erde zu bebauen. Er sät und erntet Pflanzen, die er bis jetzt nur gesammelt hat. Für die Bodenbearbeitung erfindet er neue Werkzeuge wie Sicheln und Hacken, die er durch Reiben poliert und damit schärft. Bald beginnt der Mensch auch Tiere zu fangen und zu züchten, die er vorher gejagt hat, wie z. B. Schweine, Rinder und Schafe.

In ganz Europa wurden Spuren tausender Dörfer dieser Art gefunden

Feldarbeit, Ernte, Dreschen und Melken der Ziegen

Geflochtene Körbe dienen zum Transport von Waren

Die ersten Bauern verbessern ihre Werkzeuge und erfinden neue, z.B. den radlosen Haken-/Scharpflug, den Vorgänger des heutigen Pfluges

Sichel aus Feuerstein mit Zacken

Beil

Tonwaren

Pflug

Messer

Löffel

Schleifstein

12

Die ersten Dörfer

Da die Menschen nun nicht mehr umher-
wandern müssen, um Nahrung zu finden,
werden sie seßhaft. Sie verlassen die
Höhlen und Zelte und bauen die ersten
Hütten in der Nähe von Wasserläufen
und bebauten Feldern. So bilden sich die
ersten Dörfer. Die Bevölkerung wächst
sehr rasch, und es entsteht ein Gemein-
schaftsleben mit Arbeitsteilung: Einige
beschäftigen sich mit Ackerbau und
Viehzucht, andere stellen Werkzeuge her
oder flechten Körbe, weben Stoffe aus
Schafwolle oder formen die ersten Tonwaren. Jagd, Fischfang und Sammeln
werden aber deswegen nicht
aufgegeben.

Die Tonwaren werden
gebrannt, um sie haltbarer
zu machen

Tonwaren verbreiten
sich von Asien und
der damals noch
fruchtbaren Sahara
aus

Erste Stoffe aus
Leinenfasern
werden
angefertigt

Metallverarbeitung

Gegen Ende der Jungsteinzeit um etwa
3000 v. Chr. entdecken die Menschen
das Metall und seine Vorteile. Sie
bearbeiten Gold, Silber und
Bronze und schließlich auch
Eisen. Damit können sie nun
Gegenstände mit viel besserer
Qualität herstellen.

Waffen
und Werk-
zeuge aus
Bronze

Die Megalithen

Megalithen sind Monumente aus großen
Steinen. Die Dolmen waren wahrscheinlich Grabdenkmäler, und die Menhire
wurden zum Ruhm der Götter gebaut.

Ein Dolmen: 10 bis 100 Tonnen
schwer

Menhire:
7 bis 10 Meter hoch

In der Bretagne, in Carnac, gibt es das Steinfeld
der 3000 Menhire. Die Abbildung zeigt, wie die
Menschen der Jungsteinzeit sie transportierten
und aufstellten

Das Ende der Urgeschichte

Mit der Erfindung der Schrift um
3000 v. Chr. endet die Vorgeschichte im
Nahen Orient, in Europa und Asien.
In Afrika, Nordamerika und Australien
dauert die Jungsteinzeit noch Jahrhunderte, bis zur Ankunft der Europäer.

Das antike Ägypten

Als *Antike* bezeichnet man die Epoche, die mit dem Erscheinen der ersten geschriebenen Texte (ca. 3000 v. Chr.) beginnt und mit dem Untergang des Römischen Reiches (Ende des 5. Jh. n. Chr.) endet. In dieser Zeit entwickeln sich große Kulturen.

3000 Jahre Geschichte

Die Geschichte Ägyptens gliedert sich in drei unterschiedliche Epochen. Im *Alten Reich*, das um 3000 v. Chr. entsteht und dessen Hauptstadt Memphis ist, bauen große Pharaonen wie Cheops, Chephren und Mykerinos gewaltige Pyramiden. Im *Mittleren Reich* (2052 - 1770 v. Chr.) mit der Hauptstadt Theben weitet Ägypten seinen Machtbereich aus. Im *Neuen Reich* (1580 - 1085 v. Chr.) steht es unter den Pharaonen der Ramses-Dynastie auf dem Gipfel seiner Macht. Es erobert Syrien und Palästina. Dann aber fällt es in die Hände anderer Völker: Nacheinander herrschen nun Assyrer, Perser, Griechen und schließlich die Römer (1. Jh. v. Chr.) über Ägypten.

Die kleinere Pyramide der Königin befindet sich neben der des Pharao

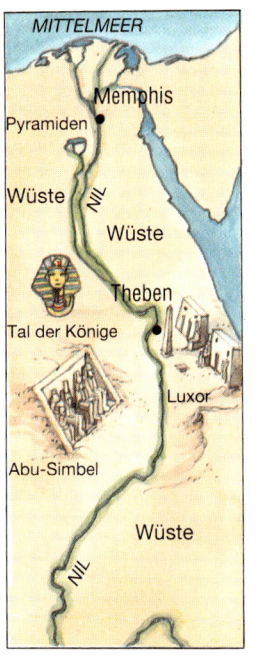

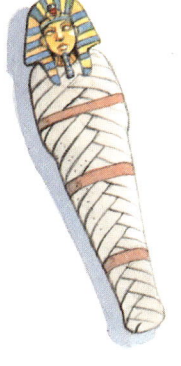

Die Ägypter glauben an ein Leben nach dem Tod. Deshalb darf der Körper nicht verwesen. Um die Leiche zu konservieren, wird sie mumifiziert und der ausgetrocknete Körper mit feinen Bandagen umwickelt.

Der Pharao ist König und Gott zugleich
Uneingeschränkter Herrscher über das alte Ägypten ist der Pharao. Er ist oberster Priester und Feldherr und wird wie ein Gott, gleichrangig mit dem Sonnengott, verehrt. Er nimmt die Opfergaben entgegen und bringt sie den Göttern dar. Als Grab baut man ihm eine gewaltige Pyramide. Von den vielen Pharaonen, die im Laufe der Zeit regierten, sind zwei besonders berühmt: Amenophis IV., auch Echnaton genannt, der den Kult eines einzigen Gottes – des Sonnengottes – einführt, und Ramses II., der 66 Jahre lang regiert und viele Länder erobert.

Die Cheops-Pyramide ist 147 m hoch und hat eine Grundfläche von 4 Hektar (40 000 m²)

Hunderte Arbeiter ziehen die Steinquader vom Fluß bis zur Pyramide und arbeiten jahrelang daran

Der Nil als Quelle des Lebens

Durch Ägypten fließt ein sehr langer Fluß: der Nil. Er führt jedes Jahr von Juni bis Oktober Hochwasser, tritt über die Ufer und überschwemmt das Land. Auf diesem fruchtbaren, von Wüste umgebenen Uferstreifen bauen die Ägypter Getreide, Gerste, Flachs und Papyrusstauden an.

Der Nil ist der wichtigste Verkehrsweg Ägyptens. Alle Waren werden auf ihm transportiert

AMUN-RA   HORUS   OSIRIS

Die Götter

Die Ägypter widmen sich in erster Linie dem Ackerbau. Für sie ist alles eine Gabe der Götter, die zugleich Menschen und Tieren ähneln. Die wichtigsten Götter sind Amun-Ra, der Sonnengott, Horus, der Himmelsgott und Verbündeter des Pharao, und Osiris, der Richter der Seele nach dem Tod (unten: das Abwiegen der Seelen).

Die Hieroglyphen

Die Ägypter besitzen bereits eine Schrift; deshalb kennen wir auch ihre Geschichte. Sie haben aber kein Alphabet, sondern zeichnen Bilder anstelle von Wörtern, die *Hieroglyphen.*

Die Schreiber schreiben auf Papyrusblätter

essen

Auge anschauen

Schale

Brot

Wachtel

Die Sumerer

Sumer ist das fruchtbare Gebiet des „Zweistromlands" (= Mesopotamien) zwischen den Flüssen Euphrat und Tigris. Um 3500 v. Chr. entsteht dort eine der ältesten und bedeutendsten Hochkulturen der antiken Welt, die der Sumerer.

Die Tempelstädte

Für das gemeinschaftliche Leben bauen die Sumerer gut organisierte Städte. Die Wohnhäuser umgeben den Tempel, der „Großes Haus" genannt wird und der zum Ruhm des höchsten Gottes der Stadt auf einem Hügel errichtet ist. Die größten sumerischen Städte sind Ur, Lagasch und Uruk. Es finden oft Kämpfe um die Bewässerungsanlagen statt, aber niemand kann sich jemals wirklich durchsetzen.

Da Steine selten sind, verwenden die Sumerer zum Bauen ungebrannte, in der Sonne getrocknete Tonziegel

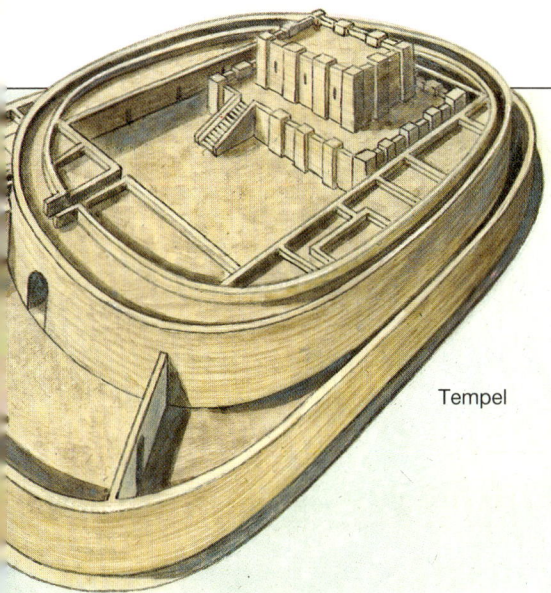

Tempel

Priester und Fürsten

Der Hohepriester ist Stellvertreter Gottes und das Oberhaupt der Stadt. Er wohnt im Tempel und regiert über die Bevölkerung. Anfang des 3. Jh. übernimmt der Fürst die Macht und herrscht mit Hilfe der Priester. Die Tempelstadt wird allmählich zu einem Stadtstaat.

Sumerische Statuetten

Die sumerische Kunst

Die sumerische Kunst steht vor allem im Dienst der Religion. Die Künstler sind sehr geschickt als Bildhauer und in der Bearbeitung von Metall. Die Kunstwerke wie z. B. Steinstatuetten werden den Göttern gewidmet und als Opfergabe dargebracht.

Großartige Erfindungen
Das Rad

Die Sumerer machen eine großartige Erfindung: das Rad.

Es ist aus Holz, ziemlich massiv und besteht aus mehreren ineinandergefügten Teilen

Die Schrift

Mit dem Handel und der Auflistung der Waren und Zählung des Viehs entstehen eine Menge verschiedener Zeichen, die sich nach und nach zu einer Schrift entwickeln.

Die Schrift entwickelt sich von einer Bilderschrift allmählich zu einer Keilschrift. Die Sumerer verwenden 600 verschiedene Zeichen.

Die Piktogramme (Bildzeichen) stellen Gegenstände dar

Mit einem Bambusgriffel werden die Zeichen eingeritzt.

Keilschrift

Die Sumerer erfinden die Arithmetik und das Sexagesimalsystem, das die Stunde in 60 Minuten und die Minute in 60 Sekunden einteilt.

Babylon

Babylon, dessen alter Name Bab-ilon „Tor Gottes" bedeutet, gegründet etwa 3000 v. Chr., wird mit der Zeit eine reiche Stadt, die bald über alle anderen Städte Mesopotamiens herrscht.

Die Zikkurat (mehr-stöckiger Tempelturm)

Hammurapi, ein genialer Herrscher

Hammurapi, auch „König der vier Weltufer" genannt, ist der König eines mächtigen semitischen Stammes. Durch sein militärisches Geschick beendet er die Streitigkeiten zwischen den Stadtstaaten, indem er ihnen seinen Willen aufzwingt und ein großes mesopotamisches Reich mit der Hauptstadt Babylon schafft. Während seiner 42jährigen Regierungszeit wird Babylon aufgrund seiner Handelsbeziehungen zu einer reichen Stadt. Es entstehen große Bauwerke (Staudämme, Befestigungsanlagen und Brücken).

Das Ischtar-Tor; es ist der Göttin der Liebe und der Fruchtbarkeit geweiht

Ein gut organisiertes Staatswesen

Der König besitzt die absolute Macht, die er mit der Zustimmung der Götter erhalten hat. Die Priester unterstützen ihn bei der Ausübung seiner Macht. Der König hat Vertreter auf allen Ebenen territorialer Verwaltung: Einen *Wesir* in Babylon, *Gouverneure* in den Provinzen, *Präfekten* in den Städten und *Repräsentanten* in jedem Dorf. Die Justiz ist in gleicher Weise organisiert. Hammurapi erließ auch einen Gesetzestext mit 282 Artikeln. Sie regeln das Verhalten zwischen den Menschen und organisieren die allgemeine Verwaltung.

Stele (Steinplatte) des Codex Hammurapi, die den König als Vertreter des Rechts darstellt

Der Dämon Pazuzu verkörpert den Süd-West-Wind

Die unzähligen Götter

Himmel, Erde, Sonne, Sturm, Fruchtbarkeit...: Alle Naturphänomene verkörpern eine verehrte Gottheit. Die Götter führen ein ähnliches Dasein wie die Menschen: Sie essen, arbeiten, ärgern sich, haben Kinder...

Astronomen und Wahrsager

Die babylonischen Priester sind begeisterte Astronomen. Sie können Sonnen- und Mondfinsternisse voraussehen und besitzen im Gegensatz zum Volk geheimnisvolle Kräfte, so daß sie für echte Wahrsager gehalten werden. Ihre Beobachtungen und Berechnungen führen zu zahlreichen Entdeckungen. Sie erfinden einen Kalender, in dem das Jahr in 12 Monate eingeteilt ist.

Das Gilgamesch-Epos

Dieses Heldenepos über den 5. König der Uruk-Dynastie ist für Mesopotamien, was *Ilias* und *Odyssee* für Griechenland sind. Die Legende erzählt von den Abenteuern eines Helden, der auszieht, um das Geheimnis der Unsterblichkeit zu erforschen, den inneren Frieden aber dann findet, als er sich damit abfindet, daß sie für den Menschen unerreichbar ist. Die einzelnen Episoden reichen vom grauen Altertum bis 2000 v. Chr. Der erhaltene Text besteht aus 12 Tontafeln, in die babylonische Schreiber das Epos eingeritzt haben.

Zeit der Kriege und Invasionen

Die Feindschaft zwischen den rivalisierenden Staaten, die Überfälle der Piraten auf die Handelswege, die Einfälle der Nomaden auf der Suche nach fruchtbarem Boden und der Wunsch der unterworfenen Städte nach Unabhängigkeit sind Gründe für den langsamen Zerfall des babylonischen Reiches während der nächsten 1500 Jahre.

19

Das persische Reich

Anfang des 6. Jh. v. Chr. beginnt der Orient sich zu vereinigen.
Der Austausch unter den Kulturen nimmt zu, und dies ermöglicht den
Aufstieg des Perserreichs zu einem der größten Reiche der Antike.

Gewaltige Eroberungszüge

Die Perser stammen aus einer sehr
trockenen Gegend im Osten des Persischen Golfs. Unter König Kyros wenden
sie sich auf der Suche nach fruchtbareren
Gebieten dem Westen zu. Kyros unterwirft die Meder, Lyder und im 6. Jh. v.
Chr. auch die Babylonier. Er respektiert
jedoch Herrscher und Volk dieser Königreiche, macht sie sich sogar zu Verbündeten und verwirklicht zum ersten Mal

Persisches Reich im 6. und 5. Jh. v. Chr.

Die Satrapen

Kyros der Große teilt das Reich in
Provinzen ein, die *Satrapien*, an deren
Spitze Mitglieder des Adels stehen, die
sog. *Satrapen*. Sie sind für die örtliche
Verwaltung verantwortlich. Ihre Macht
wird durch die Beamten eingeschränkt,
die direkt dem König unterstehen.
Außerdem gibt es die königlichen Unter-
suchungsbeamten, die „Augen und
Ohren des Königs", die sie pausenlos
überwachen. Als sich die Satrapen
Ägyptens und Libyens von der Zentral-
macht lossagen wollen, verurteilt sie
Darius I. zum Tode.

König Darius I.

die Vereinigung der östlichen Welt.
Seinen Höhepunkt erreicht das Perser-
reich unter König Darius I., der von
521 bis 486 v. Chr. regiert. Er erobert
die Gebiete bis zum Indus und dem Indischen Ozean. Im Westen versucht er
Griechenland zu besiegen, aber weder
ihm noch seinem Sohn Xerxes gelingt
es, die Griechen zu unterwerfen.

Die Hundertsäulenhalle in Persepolis

Persepolis

Persepolis ist neben Susa eine der beiden persischen Hauptstädte. Sie wird unter der Herrschaft von Darius I. und Xerxes erbaut. Die wichtigsten Gebäude (Thronsaal des Xerxes, Palast etc.) werden auf einer künstlich angelegten Terrasse am Fuße des Berges errichtet. Sie werden mit Hilfe der Steuern, die jede Satrapie jährlich bezahlen muß, erbaut. 330 v. Chr. wird Persepolis in Brand gesteckt.

Die masdaische Religion
In dieser Religion steht Ahura Masda, der Gott des Guten und Schöpfer aller Dinge, Ahriman, dem Gott des Bösen gegenüber.
Um in das Haus der Gesänge (das Paradies) zu kommen, muß der Mensch gegen das Böse kämpfen. Diese Religion öffnet sich indessen nie dem Glauben an einen einzigen Gott und schafft es auch nie, die alten Religionen zu ersetzen.

Die ersten Hochkulturen in Asien

Die Hochkultur Nordindiens

Die erste indische Hochkultur entwickelt sich im 3. Jahrtausend v. Chr. im Industal. Zwei Städte, Mohenjo-Daro und Harappa, zeugen von der Höhe dieser Kultur, die Bewässerungsanlagen hat, Getreide anbaut und auf dem Seeweg Handel mit Mesopotamien betreibt. Der Untergang der Induskultur beginnt um 1400 v. Chr., als die Arier von den iranischen Hochplateaus in Nordindien einfallen. Sie machen Fortschritte im Ackerbau und tragen zur

Weiterentwicklung der Metallverarbeitung und des Geldwesens bei. Ihre Sprache, *das Sanskrit*, und ihre Religion, *der Hinduismus*, breiten sich sehr schnell aus.

Der Hinduismus glaubt an einen obersten Gott, der in verschiedenen Formen auftritt

Schiwa, der Zerstörer

Brahma, Schöpfer der Welt

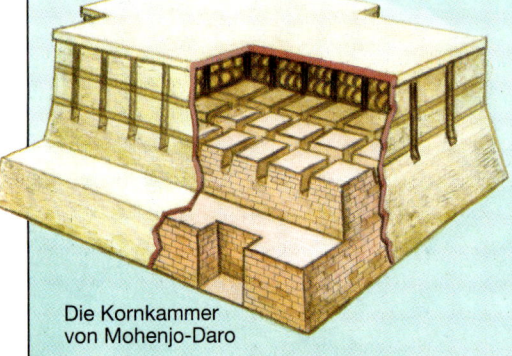

Die Kornkammer von Mohenjo-Daro

Wischnu, Beschützer der Menschen

Die Entstehung des Buddhismus

Siddhartha, Sohn des Königs, wird 560 v. Chr. in Nordindien geboren. Mit 29 Jahren verzichtet er, erschüttert durch den Anblick menschlichen Leids, auf allen Reichtum und weiht sein Leben der Meditation. Er erfährt eine „Erleuchtung" und predigt den Verzicht aller Begierden. Dieser Weg der Weisheit soll es ermöglichen, dem Leiden zu entgehen und zum Guten, dem *Nirwana*, zu gelangen. Durch seine Erleuchtung wurde er Buddha. Nach seinem Tod 476 breitet sich der Buddhismus in ganz Zentralasien (Ceylon und China) aus.

Siddhartha weiht sein Leben der Lehre der Wahrheit, die ihm offenbart wurde

Die Ära der Philosophen in China

Die erste chinesische Hochkultur entsteht einige 1000 Jahre v. Chr. im Tal des Gelben Flusses. China wird von zahlreichen Kriegen zwischen den rivalisierenden Königreichen heimgesucht. Zwei Philosophen, Konfuzius und Lao-tse, verurteilen diese Gewalttaten. Konfuzius ruft die Menschen auf, einer Moral zu gehorchen und die Gesellschaftsordnung zu respektieren. Lao-tse glaubt, daß sich der Weise von der Welt lösen und in der Einsamkeit meditieren soll. Diese zwei Philosophien sind die Grundlage für die chinesische Weisheit.

Konfuzius

Lao-tse

Shih Huang-ti, der Schreckliche

Zwischen 221 und 206 v. Chr. vereinigt ein Prinz des Königreiches Ch'in China und gründet das erste chinesische Reich. Er nimmt den Titel „Erlauchter Kaiser" (Huang-ti) an. Sein Sohn kann den Zusammenbruch des Reiches nicht verhindern, aber der Staat, der stattdessen entsteht, ist von langer Dauer. Von dieser Ch'in-Dynastie hat China auch seinen Namen.

Der Tyrann Shih Huang-ti beseitigt den Adel und schafft eine sehr strenge Gerichtsbarkeit. Er ergreift zahlreiche Maßnahmen gegen die Gebildeten und läßt Bücher verbrennen. Begierig nach Ansehen, läßt er eine ganze Armee von 6400 Tonfiguren, die Fußsoldaten darstellen, als seine Grabbegleitung in die Erde vergraben.

„Der Kaiser" in chinesischen Schriftzeichen (Ideogramme)

Die Chinesische Mauer

Sie wird 214 v. Chr. unter Shih Huang-ti gebaut, um das Reich gegen die Barbareneinfälle zu schützen, und ist 3000 km lang. Zwei Millionen Sklaven und Bauern, die von 300 000 Soldaten überwacht werden, brauchen 10 Jahre, um sie zu errichten.

23

Hebräer und Phönizier

Die Hebräer, ein Nomadenvolk

2000 Jahre v. Chr. brechen die Hebräer aus Mesopotamien auf, um fruchtbare Gebiete zu suchen. Das Volk besteht aus großen Sippen, an deren Spitze jeweils ein Patriarch steht. Einer von ihnen, Abraham, wird zum Gründer des eigentlichen hebräischen Volkes. Die Hebräer lassen sich zuerst in Palästina nieder, und leben dann auch in Ägypten. Da sie dort schlecht behandelt werden, flüchten sie und irren unter der Führung von Moses in der Wüste umher. Im 8. Jh. v. Chr. siedeln sie sich wieder in Palästina an. Sie gründen das Königreich Israel und machen Jerusalem um 1000 v. Chr. zu ihrer Hauptstadt.

Moses verkündet seinem Volk die Gesetzestafeln, die er auf dem Berg Sinai von Gott empfangen hat und auf denen die Gebote Gottes eingemeißelt sind

Die Bibel

Sie ist das heilige, von Gott inspirierte Buch der Juden und Christen. Die Bibel sammelt die Berichte verschiedener Epochen, die von Generation zu Generation überliefert wurden. Das Alte Testament berichtet, wie Jahwe sich den Hebräern offenbart und ihnen Palästina, das Gelobte Land, gegeben hat. Das Neue Testament, der zweite Teil der Bibel, wird nach der Geburt Jesu Christi geschrieben.

Dieser Bibelvers wurde wie der Großteil des Alten Testaments auf hebräisch geschrieben und wird von rechts nach links gelesen. Das gesamte Neue Testament hingegen wurde auf griechisch verfaßt

Während der ganzen Zeit ihres Umherirrens transportieren die Hebräer die Gesetzestafeln in der Bundeslade, einem wertvollen, vergoldeten hölzernen Behältnis

Könige und Propheten

Um das „Gelobte Land" zu erobern, vereinigen sich die Hebräer unter der Herrschaft eines Königs. Im Laufe eines Jahrhunderts leiten die Könige Saul, David und Salomon diese Eroberungszüge. Die Propheten, die behaupten, im Namen Jahwes zu sprechen, haben großen Einfluß auf das Volk.

Die Religion des alleinigen Gottes

Im Gegensatz zu den anderen Völkern der Antike beten die Hebräer nur einen einzigen Gott an, nämlich Jahwe („Der, der ist"). Jahwe steht am Anfang des Judentums, des Christentums und des Islam.

Die Teilung des Salomon-Reiches

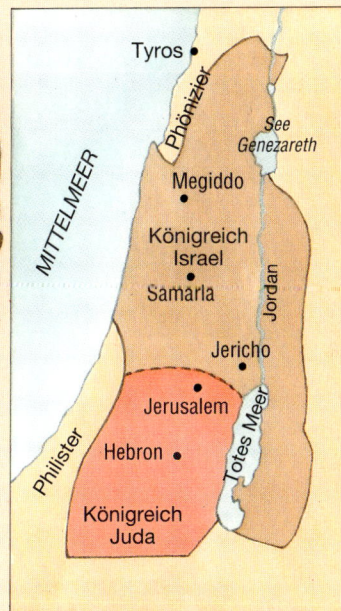

Geteilt, besiegt, zerstreut

Nach dem Tod Salomons 932 v. Chr. spaltet sich das Königreich in zwei Staaten, die bald von ihren Nachbarstaaten besiegt werden. Ende des 1. Jh. n. Chr. werden die Juden aus Palästina vertrieben und zerstreuen sich über den gesamten Mittelmeerraum. Die Römer nannten das Zentrum Palästinas Judäa und ihre Bewohner Judäer, was den späteren Juden ihren Namen gab.

Die Phönizier, Seefahrer und Kaufleute

Vor 5000 Jahren wanderten die Phönizier auf der Suche nach fruchtbarem Land aus Mesopotamien aus und siedelten sich am Ufer des Mittelmeeres an. Sie sind nicht nur ausgezeichnete Bauern, sondern sind auch sehr geschickte Künstler, die getriebene Bronze, Elfenbein, Keramik und Purpurstoffe weiterverbreiten. Außerdem bauen sie robuste Schiffe, werden exzellente Seefahrer und errichten zahlreiche Handelsniederlassungen rund um das Mittelmeer. Im 9. Jh. v. Chr. gründen sie Karthago, das später ein starker Rivale für Rom wird.

Sie sind die ersten Seefahrer, die sich bei Nacht auf hoher See am Polarstern orientieren

Die Erfinder des Alphabets

Die Phönizier ersetzen die komplizierte piktographische durch eine einfachere alphabetische Schrift. Das phönizische Alphabet ist ein Vorgänger unseres Alphabets.

Jedes Zeichen stellt einen Laut dar. Die Gesamtheit der Buchstaben, das Alphabet, hat 22 Konsonanten, aber keinen Vokal. Die Zeilen werden von rechts nach links gelesen

Kelten und Skythen

Ein Jahrtausend v. Chr. wandern die keltischen Stämme aus Mitteleuropa in Westeuropa ein. Sie siedeln sich in zahlreichen Gebieten an, die heute vor allem in den Ländern Großbritannien, Frankreich, Deutschland, Spanien und (Nord-)Italien liegen.

Zahlreiche Stämme

Obwohl die Kelten dieselbe Sprache sprechen, dieselbe Religion ausüben und dieselben Sitten haben, finden sie zu keiner politischen Einheit. Sie bleiben in viele selbständige Stämme aufgeteilt. So zählt Gallien, von dem ein großer Teil zum späteren Frankreich wird, 66 verschiedene Völker, die sich ununterbrochen bekriegen. Die Mächtigsten davon sind die Arverner, Karnuten, Äduer, Parisier und Sequaner.

Die Druiden

Die Kelten beten zahlreiche Götter an (z. B. Tutatis, den Gott des Krieges, oder Taranis, den Gott des Blitzes). Die Kultstätten befinden sich unter freiem Himmel tief in heiligen Wäldern. Die Druiden sind die Priester der Kelten. Sie lehren die Verachtung des Todes und Tapferkeit. Auch die Erziehung der Kinder ist ihnen anvertraut.

Die Barden

Auf Festen und bei religiösen Zeremonien tragen die Barden Gedichte vor, in denen sie Heldentaten der Vorfahren und Anführer rühmen.

Mähmaschine

Die Krieger

Bevor die Kelten in die Schlacht ziehen, waschen sie sich die Haare mit Kalk und lassen sie zurückgestrichen trocknen. Dies gibt ihnen ein seltsames und erschreckendes Aussehen, das ihre Gegner stark beeindruckt.

Die Bauern

Die Kelten sind ausgezeichnete Bauern. Zum Säen und Ernten von Weizen, Hirse, Gerste, Roggen und Hafer benützen sie Pflüge und Mähmaschinen. Aus Hanf und Leinen stellen sie Stoffe und Seile her. Sie züchten Pferde, Kühe, Schafe, Schweine und sogar Bienen.

Bergfestungen

Die keltische Stadt, genannt *Oppidum*, wird normalerweise auf einem Berg oder Hügel erbaut, manchmal auch in einer Flußbiegung. Sie ist von Wällen umgeben und im Falle eines Krieges Zufluchtsort für die Bevölkerung der umliegenden Dörfer mit ihren Nahrungsvorräten für Mensch und Tier. Bibracte in Burgund ist ein großes gallisches *Oppidum* mit einem ganzen Viertel mit Metallarbeitern.

Die Entdecker des Eisens

Die Kelten entdecken das Eisen in Europa. Sie sind geschickte Schmiede und verwenden es statt Bronze zur Herstellung von Werkzeugen (Hämmer, Äxte, Hippen usw.) und Waffen (Dolche, Schwerter und Rüstungen). Die Pflugschar aus Eisen ersetzt die des Holzpflugs und ermöglicht eine tiefere Bearbeitung des Bodens. Eisen wird fortan auch beim Häuserbau und der Herstellung von Rädern und Fässern (eine keltische Erfindung) verwendet.

Das Oppidum ist ein wichtiger Tausch- und Handelsplatz

Die Skythen

Anfang des 8. Jh. v. Chr. verwüsten die Skythen, ein iranisches Nomadenvolk, Nordiran und Palästina und bedrohen Ägypten. Sie sind furchterregende Reiter und Soldaten und deshalb gefürchtete Gegner. Sie leben in Wagen, ernähren sich von Jagd und Fischfang und betreiben Handel mit den Griechen. Ihre Kunst ist beachtlich. Man hat in ihren Gräbern mit Gold und Silber verzierte oder in Holz gemeißelte Statuetten gefunden. Da sie kein Alphabet besitzen, haben sie uns kein einziges Schriftstück hinterlassen.

Die Skythen sind die ersten, die das Pferd als Reittier nutzen

Die Entstehung der griechischen Welt

Mykene

Die Stadt Mykene, die schon in der Jungsteinzeit existierte, hat ihre Blütezeit im 2. Jahrtausend v. Chr. Zwischen 1400 und 1150 v. Chr. ist sie das blühende Zentrum der Ägäis. Die befestigte Stadt liegt auf einem Berg und hat so mächtige Mauern, daß die Legende erzählt, die Stadt sei von Zyklopen, das sind Riesen mit nur einem Auge, erbaut worden. Die mykenische Kultur ist die erste griechische Hochkultur.

Totenmaske eines Königs aus getriebenem Gold

Der Steinblock, der die beiden Löwen trägt, wiegt 20 Tonnen

Mykenischer Helm, verziert mit Wildschweinzähnen

Dolchklinge aus Bronze

Troja

Bis ins letzte Jahrhundert zweifelte man an der Existenz Trojas. Der Deutsche Heinrich Schliemann machte sich nach den Berichten Homers in der *Ilias* auf die Suche und fand auf einer Ebene an der asiatischen Küste bei der Meerenge der Dardanellen Spuren der Stadt. Der Hügel, auf dem sich die Stadt befindet, ist ein wichtiger Handelsknotenpunkt zwischen Asien und Europa und zwischen dem Schwarzen und dem Ägäischen Meer. Die Stadt selbst, umgeben von 8 Meter hohen Mauern, ist aber relativ klein (140 x 90 m).

Der trojanische Krieg

Die beiden Gegner dieses Krieges gegen Ende des 8 Jh. v. Chr. sind Agamemnon, König von Argos und Mykene, und Priamos, König von Troja. Der Krieg wird in der *Ilias* beschrieben, einem der beiden Werke des griechischen Dichters Homer, der im 9. Jh. v. Chr. gelebt haben soll. Das zweite Werk, die *Odyssee*, erzählt von der abenteuerlichen Heimfahrt des Odysseus, einem der Helden dieses Krieges. Diese Epen wurden mündlich durch die Sänger ihrer Zeit überliefert.

Kreta

Zwischen 2600 und 1400 v. Chr. entwickelt sich eine Hochkultur in Kreta. Ihre eindruckvollsten Zeugnisse sind die großartigen Paläste auf den Hügeln. Obwohl oft durch Erdbeben zerstört, baut man sie doch immer wieder auf, bis sie, wahrscheinlich gegen 1400 v. Chr., endgültig zerstört werden.

Der Palast von Knossos

Das trojanische Pferd

Die Sage berichtet, daß die Griechen auf den Rat des Odysseus hin ein Pferd aus Holz bauten, in dem sich ihre Krieger versteckten. Die Trojaner hielten es für einen Gott und zogen es in die Stadt. Odysseus und seine Männer kletterten heraus, öffneten der griechischen Armee die Tore und steckten Troja in Brand.

Die geheimnisvolle kretische Schrift

Weder die piktographischen Zeichen auf der sogenannten Phästos-Scheibe noch die vereinfachten Zeichen der sog. Linear A-Schrift, die 1700 v. Chr. entstand, wurden bis heute ganz entziffert

29

Der Aufstieg der griechischen Städte

Städte und Herrscher

Während im Orient umfangreiche Königreiche entstehen, bilden sich im 1. Jhrtsd. v. Chr. in Griechenland viele kleine unabhängige Staaten, die *Poleis*. Die Polis ist eine Gemeinschaft, die unabhängig ist und sich selbst regiert. Sie hat ihre eigenen Gesetze und Götter. Anfangs erlassen die reichen Grundbesitzer, die *Aristokraten*, die Gesetze. Später, zwischen dem 8. und dem 6. Jh. v. Chr., liegt die Macht in Händen von Tyrannen, die regieren, indem sie die Bevölkerung von Stadt und Land beherrschen, ohne sich um Gesetze zu kümmern. Nach dem Sturz eines Tyrannen bemächtigt sich die Bevölkerung einiger Städte der Macht und gibt sich ihre eigenen Gesetze. Das sind die Anfänge der Demokratie (griech. *demos*: Volk).

Menschenähnliche Götter

Die Griechen verehren viele Götter, denen sie alles Wunderbare und Mysteriöse zuschreiben. Sie sind unsterblich und werden mit menschlichem Aussehen dargestellt. Ihr Leben, von dem die *Mythologie* berichtet, ähnelt dem der Menschen: sie essen und trinken, feiern Feste und sind eifer- und streitsüchtig. Jede Stadt hat ihren eigenen göttlichen Beschützer.

Neben den Göttern gibt es die *Heroen*, die oft Söhne von Göttern sind und deren Taten jeder kennt. Hier besiegt Herkules den nemeischen Löwen und erfüllt damit eine seiner zwölf Arbeiten.

Die größten Städte im 1. Jhrtsd. v. Chr.

Korkyra · Pagasae · ÄGÄISCHES MEER · Theben · Chios · Sicyon · Megara · Athen · Ephesos · Elis · Samos · Korinth · Milet · Aegina · Sparta · Argos · Halikarnassos · Kos · MITTELMEER

Die zwölf wichtigsten Götter leben auf dem Berg Olymp. Der oberste Gott Zeus, der König des Himmels, thront auf dem Gipfel des Berges. Neben ihm sitzen seine beiden Brüder Poseidon und Hades.

1. Dionysos
2. Artemis
3. Hermes
4. Athene
5. Apollo

Alle 4 Jahre finden in Olympia am Zeustempel die Olympischen Spiele statt

Diskuswerfer

Ring-kampf

Die Entstehung des Theaters

Für die Griechen ist das Theater von großer Bedeutung. Es spielt eine große Rolle für die allgemeine Bildung und ist allen zugänglich. Die Armen erhalten vom Staat Geld, um ihren Platz zu bezahlen. Die Schauspieler tragen Masken, die die Stimme verstärken und dazu dienen, die Gefühle der Person zum Ausdruck zu bringen: Freude, Zorn oder Angst. Jede Darbietung gibt Anlaß zu einem Wettstreit zwischen den Schriftstellern. Äschylus, Sophokles und Euripides sind Verfasser von Tragödien; Aristophanes schreibt Komödien.

Tempel und Heiligtümer

In jeder Familie werden jeden Tag die Götter durch Gebete und Opfergaben geehrt: Milch, Wein, Öl und Parfum werden auf den Boden gegossen. Manchmal opfern die Priester ein Tier, das sie auf einem Altar vor dem Tempel verbrennen. Die Tempel beherbergen die Statue des verehrten Gottes. Vielerorts in Griechenland gibt es große Kultstätten, die *Heiligtümer*. Sie sind ein Treffpunkt für alle Griechen. An ihnen spielen sich auch große Feste ab. Schriftsteller, Dichter, Sänger und Athleten wetteifern zu Ehren der Götter. Die bedeutendsten Heiligtümer sind die des Apollo in Delphi und des Zeus in Olympia.

Athen im Zeitalter des Perikles

Die Entstehung der Demokratie

Im 6. Jh. v. Chr. ist Athen eine Aristokratenstadt, die von ein paar Groß- grundbesitzern regiert wird. Diese müssen jedoch nach und nach akzeptieren, daß es geschriebene Gesetze gibt und daß Arme und Reiche dieselben Rechte haben. Die Allgemeinheit ist nun an der Verwaltung der Stadt beteiligt: das bedeutet *Demokratie*. Allerdings herrscht keine Gleichberechtigung: die Frauen dürfen nicht wählen und eigentlich liegt die Macht in den Händen der reichen Familien.

Die Bürger
Sie versammeln sich auf der Agora, die Versammlung nennt man Ekklesia. Sie kann Gesetze vorschlagen

Die Magistraten
Sie sind die jedes Jahr von den Bürgern gewählten Vertreter des Volkes

Die Strategen
Sie sind die wichtigsten Magistraten für die Armee, die Finanzen und die Diplomatie. Sie sind der Ekklesia ver- antwortlich

Perikles, ein großer Stratege

Perikles wird 15mal hintereinander als Stratege gewählt und macht Athen zur mächtigsten griechi- schen Stadt. Zwischen 461 und 429 v. Chr. erlebt Grie- chenland ein „goldenes Zeitalter", das auch das Zeitalter des Perikles genannt wird. Er setzt sich für den Schutz der er- worbenen Freiheiten ein, fördert den Handel und alles, was die Stadt aufblühe läßt. Weil er davon überzeugt ist, daß die- ser Aufschwung nur im Frieden verwirk- licht werden kann, stattet er Athen zum Schutz mit einer mächtigen Armee aus. Unter Perikles arbeiten die größten Künstler dieser Epoche. Auf der Akropo- lis läßt er den Parthenon errichten. 429 v. Chr. stirbt er als Opfer der Pest.

Für die Griechen ist ein Sklave kein Mensch, sondern ein Instrument

Sie müssen die härtesten Arbeiten verrichten

Metöken und Sklaven

Metöken sind Ausländer, die in Athen leben. Es gibt 60 000 davon, und sie können weder an der Leitung des Staates mitwirken, noch Land besitzen oder eine Frau aus Athen heiraten. Sie sind Handwerker oder Kaufleute. Es leben 200 000 Sklaven in Athen, die entweder dem Staat, den Bürgern oder den Metöken gehören. Sie sind Kriegsgefangene oder Söhne von Sklaven. Während Metöken und Sklaven für sie arbeiten, widmen sich die athenischen Bürger der Politik.

Athen, blühende Hafenstadt

Das Land um Athen ist arm. Man baut dort Wein, Oliven und Obstbäume an. Die Athener werden durch den Seehandel reich. Ihre Schiffe durchkreuzen das Mittelmeer. Die Kaufleute exportieren Öl, Wein, Waffen und Vasen; sie importieren Getreide, Holz, gepökeltes Fleisch und getrockneten Fisch. Der Hafen Athens, Piräus, ist ein großer Marktplatz, der Kaufleute und Bankiers aus ganz Griechenland anzieht.

Stadt der Künste und der Philosophie

Athen ist eine der großen Kunstmetropolen Griechenlands. Neben Architektur und Bildhauerei tragen Theater, Musik und Dichtkunst zu diesem Ruf bei. Auch im täglichen Leben pflegen die Athener das Gespräch und die Beschäftigung mit Philosophie und Wissenschaft. Viele große Denker und Philosophen leben in Athen. Die berühmtesten sind Plato, Sokrates und Aristoteles.

Die Akropolis

Die athenische Kolonisation

Anfang des 5. Jh. v. Chr. schlagen die Athener die Perser zurück, die versuchen, ihr Reich auszudehnen. Das verhilft Athen zu großer Macht. Die verbündeten Städte verlieren ihre Unabhängigkeit und werden Athen untertan. Athen errichtet Kolonien – sog. Kleruchien – auf dem Territorium dieser Städte und verfügt so über Land für seine Einwohner und für Handelsniederlassungen.

Die Zeit der großen Kriege

Persischer Streit-
wagen mit scharfen
Messern

Die Perserkriege

499 v. Chr. erheben sich die griechischen
Städte Kleinasiens gegen die Herrschaft
des persischen Königs Darius. Nur zwei
griechische Städte Europas, Athen und
Eretria, schicken ihnen Unterstützung.
Die Perser oder Meder, wie die Griechen
sie nennen, beschließen, die griechischen
Städte Europas zu erobern. Die Perser-
kriege dauern 50 Jahre.

Athen siegt

490 v. Chr. landen die Perser bei Mara-
thon und werden von den Athenern
geschlagen. Um den Sieg zu melden,
wird ein Läufer nach Athen geschickt.
Nach seiner Ankunft stirbt er
vollkommen erschöpft, nachdem er 42 km durchgelaufen
war. 10 Jahre später dringen
die Perser wieder in Griechenland ein. Aber ihre
Flotte wird von den Athe-
nern bei Salamis geschla-
gen. Nachdem sie 479 v.
Chr. erneut besiegt wer-
den, räumen sie Griechen-
land. Die Athener genießen
nun hohes Ansehen.

Der Peloponnesische Krieg

Um sich zu behaupten, muß Athen
Aufstände der verbündeten Städte unter-
drücken und gegen Sparta kämpfen.
Diese Stadt des Peloponnes, erste
militärische Macht des kontinentalen
Griechenland, macht Athen die Vor-
macht streitig. 25 Jahre lang stehen sich
die beiden Städte als Gegner in blutigen
Kämpfen gegenüber. Der Peloponnesi-
sche Krieg endet 404 v. Chr. mit der
Niederlage Athens, das auf Macht und
Reich verzichten muß.

Das große Königreich Mazedonien

Mazedonien, im Norden Griechenlands,
ist ein blühendes Königreich. Sein
König, Philipp, der über ein gefürchtetes
Heer verfügt, will seine Macht auf ganz
Griechenland ausdehnen. Die durch die
Streitigkeiten geschwächten griechischen Städte leisten kaum Widerstand.
338 v. Chr. werden sie bei Chaironeia
besiegt. Die Unabhängigkeit der Städte
ist vorbei, alle unterstehen jetzt dem
großen Königreich Mazedonien.
Philipp wird 336 v. Chr. ermordet.

Alexander der Große

Alexander, der Sohn Philipps von Mazedonien, wird mit 20 Jahren König, und damit beginnt eine außergewöhnliche geschichtliche Leistung. Alexander macht sich an die Eroberung des persischen Reiches des Darius. 334 v. Chr. bricht er mit einem Heer von 40 000 Mann auf. Innerhalb von 8 Jahren erobert er Kleinasien, Ägypten, Mesopotamien, Babylon und Persepolis und überquert den Indus. Auf dem Rückweg stirbt er erschöpft mit 33 Jahren, 323 v. Chr.

Ein Völkergemisch

Alexander respektiert zwar Glaube und Sitten der besiegten Völker, versucht sie aber doch für die griechische Kultur zu gewinnen. Er unterstützt Heiraten zwischen Griechen und „Barbaren" (= Nichtgriechen) und gründet zahlreiche Städte, in denen sich Griechen ansiedeln. Auch wenn es ihm nicht gelingt, seinen Traum von einem beständigen und mächtigen Reich zu verwirklichen, indem er Menschen jeglicher Herkunft verbindet, so schafft er doch eine blühende Kultur über die Küsten des Mittelmeeres hinaus bis nach Indien.

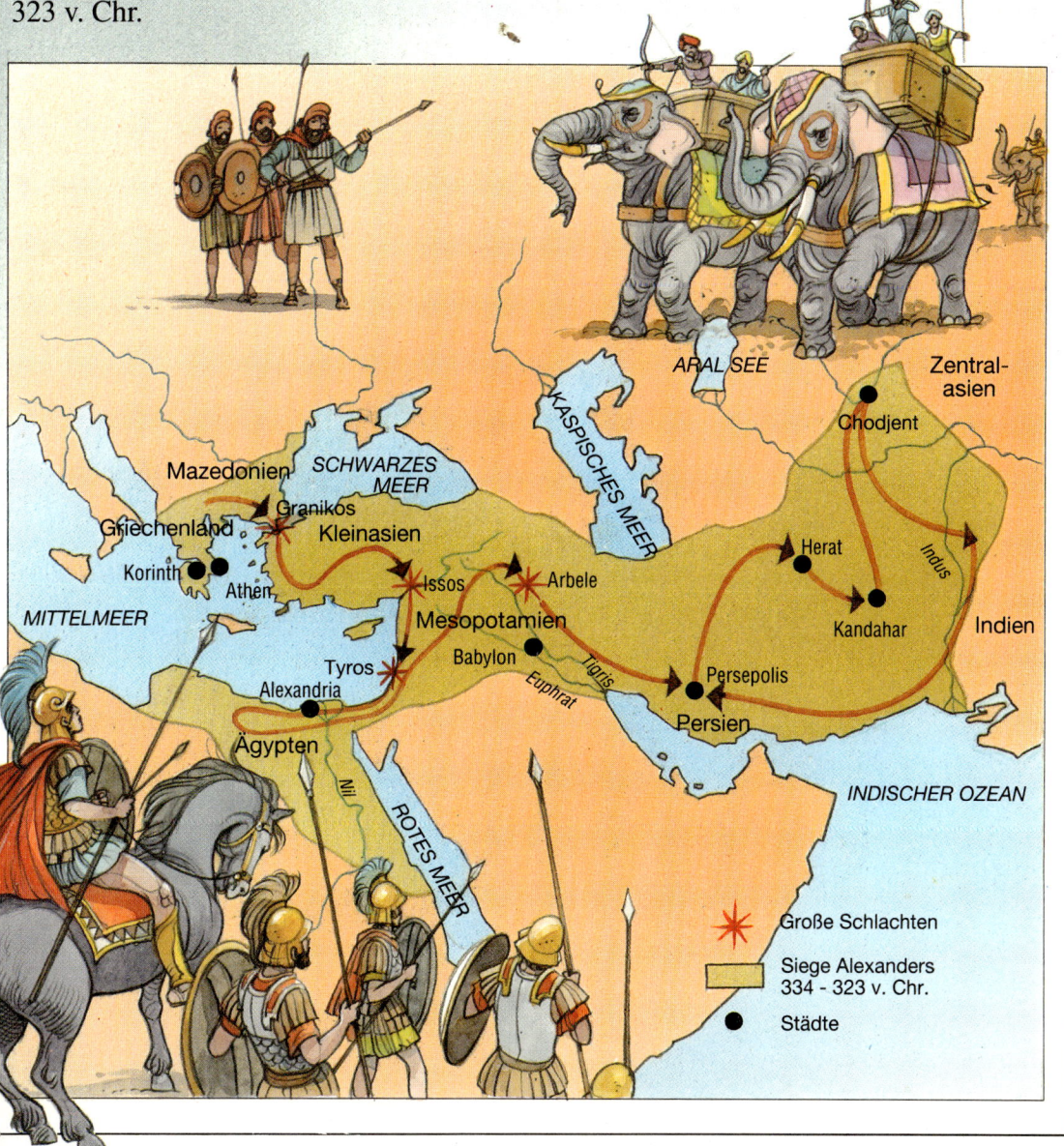

Große Schlachten

Siege Alexanders 334 - 323 v. Chr.

Städte

Die Etrusker und die Gründung Roms

Italien im 1. Jhrtsd. v. Chr.

Alpenvölker

Ligurer

Venetier

Etrusker

ADRIATISCHES MEER

Korsen

Italiker

Apulier

Sarden

TYRRHENISCHES MEER

Bruttier

Sikuler

Die Etrusker

900 Jahre v. Chr. tauchen die Etrusker auf. Sie kommen ohne Zweifel aus Kleinasien über das Meer und über Land zu den Küstenebenen Italiens in die heutige Toskana, die dann Etrurien heißt. Die etruskischen Städte sind wie die griechischen auch unabhängig und werden von einem sog. *Lukumo* regiert. Unfähig zur Einigung bekriegen sie sich oft. Der griechische Einfluß auf die etruskische Kunst ist groß. Die Etrusker haben Schriften hinterlassen, die bis heute nicht übersetzt werden konnten.

Die Etrusker sind ausgezeichnete Metallverarbeiter und großartige Goldschmiede

Die Etrusker sind ausgezeichnete Seefahrer und beherrschen mit den Phöniziern das westliche Mittelmeer

Die Grabstätten sind reich geschmückt. Dieser verzierte Sarkophagdeckel stellt die Verstorbenen dar

Etruskische Städte haben gepflasterte Straßen, Aquädukte und Abwasserkanäle

36

Die Gründung Roms

Der Sage nach wurde Rom 753 v. Chr. von den Zwillingen Romulus und Remus gegründet, die am Ufer des Tibers ausgesetzt worden waren und von einer Wölfin gesäugt wurden. Als sie erwachsen sind, beschließen sie an der Stelle, an der sie gefunden wurden, eine Stadt zu gründen. Später im Streit tötet Romulus seinen Bruder und wird der erste König von Rom (= der Stadt des Romulus). Um 550 v. Chr. besetzen die Etrusker Rom und machen es zu einer richtigen Stadt.

Großgrundbesitzer und kleine Bauern

Die Inhaber der Macht in Rom sind die Großgrundbesitzer, die *Patrizier*. Die kleinen Leute, meistens Bauern, sind ihnen dienstpflichtig; sie heißen

Klienten (= „Schutzbefohlene"). Sie schulden ihren Herren Treue und Unterstützung; diese ihnen dafür Beistand in allen Dingen.

Die Bauern, Handwerker und Kaufleute tragen zwar zum Wohlstand der Stadt bei, haben aber keinen Anteil an der Macht: sie werden *Plebejer* genannt. Sie erheben sich mehrmals und erreichen 494 v. Chr., daß sie durch *Tribune* vor den Patriziern vertreten werden. Es vergehen aber zwei Jahrhunderte, bis sie mit den Patriziern politisch gleichberechtigt sind.

509 v. Chr. erheben sich die Römer, vertreiben den König und schaffen eine Republik.

Die säugende Wölfin, bis heute das Wahrzeichen Roms

Starke Religionsprägung

Die Götter der Römer sind dieselben wie die der Griechen, nur mit anderen Namen: Jupiter ist Zeus, Juno Hera und Minerva die römische Athene usw. Die Römer fürchten ihre Götter und versichern sich durch Tieropfer ihres Beistandes. Sie befragen sie vor wichtigen Entscheidungen. Die Priester, die *Auguren*, beobachten die Zeichen der Natur, besonders den Vogelflug, um darin den Willen der Götter zu erkennen.

Die *Vestalinnen* (Priesterinnen) bewahren ein heiliges Feuer, das niemals erlöschen darf

37

Die siegreiche Republik

Die Republik

Die *Republik* (lat. *res publica*: Sache des Volkes) ist eine Form der Regierung, bei der die Macht nicht bei einem einzelnen liegt. Rom ist eine Republik, die von einer kleinen Zahl reicher Männer regiert wird. In der Volksversammlung stimmen die Bürger über die Gesetze ab und wählen die *Magistraten*. Weder Sklaven noch Ausländer haben das Bürgerrecht. Die Reichen wählen als erste, und wenn die Mehrheit erreicht ist, sind die Wahlen beendet. Das bedeutet, daß die Armen nie wählen können. Die auf ein Jahr gewählten Magistraten regieren Rom. Normalerweise gibt es zwei Magistraten in jeder Position. Die wichtigsten sind die *Konsuln*; sie sind die Oberhäupter von Regierung und Heer.

Der Senat setzt sich aus auf Lebenszeit gewählten ehemaligen Magistraten zusammen

Die Magistraten befragen die Senatoren, bevor sie eine Entscheidung treffen

Die Eroberungszüge

Nachdem das römische Heer 395 v. Chr. die Etrusker besiegt hat, dehnt es seine Herrschaft nach Norditalien aus. Es unterwirft zuerst Mittelitalien, dann 272 v. Chr. Süditalien. Zwischen 264 und 146 v. Chr. bekämpfen sich Rom und Karthago in den drei *Punischen Kriegen*, weil Rom Anspruch auf Gebiete dieser phönizischen Kolonie erhebt. Nach dem Sieg Hannibals mit seinen Elefanten über das römische Heer gewinnt aber Rom wieder die Oberhand, und Karthago wird nach langer Belagerung zerstört. Rom dehnt seine Herrschaft weiter auf Spanien und Südgallien aus; es erobert auch die Königreiche Griechenland, Syrien und Ägypten.

Die Punischen Kriege 264 - 146 v. Chr.

Gallien

Pyrenäen

Spanien

Korsika

Sardinien

MITTELMEER

Cartagena

Kartha[go] zerstört.

Afrika

Karthago und seine Besitzungen

Rom und seine Sie[g]

Angriffe Hannibals

38

Die Macht der „imperatores"

Die siegreichen Feldherren, die *imperatores*, bekommen immer mehr Macht in diesem gewaltigen Reich. Aber Anfang des 1. Jh. v. Chr. entstehen Bürgerkriege, und das politische Gleichgewicht ist bedroht. Die berühmtesten Feldherren sind Sulla, Pompejus, Caesar, Antonius und Oktavian.

Der Patrizier Julius Caesar ist ein gewandter Redner und gewinnt die Gunst der Plebejer

Ein gefürchtetes Heer

Bei den Römern ist man zwischen 17 und 46 Jahren Soldat. Jedesmal, wenn es notwendig ist, wird man einberufen, die Reichen zur Kavallerie, die Armen zur Fußtruppe. Das Heer besteht aus 30 *Legionen*. Jede Legion zählt 6000 *Legionäre*. Dieses mächtige Heer erkämpft das größte Reich seit Alexander dem Großen.

Sizilien

Das Ende der Republik

Nach der Eroberung Galliens kommt Caesar nach Rom. Er schafft sich seinen Rivalen Pompejus vom Hals und läßt sich zum Konsul auf Lebenszeit ernennen. Unter der Anklage, zu seinem Vorteil das Königtum wiedererrichten zu wollen, wird er 44 v. Chr. vor dem gesamten Senat ermordet. 10 Jahre später bleibt nach seinem Sieg über seinen Rivalen Antonius sein Adoptivsohn Oktavian einziger Herrscher über die römische Welt. Die Republik existiert nicht mehr, und Oktavian wird 27 v. Chr. unter dem Namen Augustus der erste Kaiser Roms.

Ein Katapult

Das kaiserliche Rom

Der Kaiser und die Verwaltung

Der Kaiser lebt in Rom im kaiserlichen Palast auf dem Hügel des Palatin. Er hat die absolute Macht, die er mit Hilfe zahlreicher Beamter ausübt. Rom wird von *Präfekten* verwaltet. Der Stadtpräfekt sorgt für Ordnung, der Gardepräfekt kommandiert die kaiserliche Garde, der *praefectus annonae* sorgt für die Getreideversorgung der Stadt und der *praefectus vigilium* wacht über ihre Sicherheit. Der Kaiserliche Rat arbeitet die Gesetze und die großen Entscheidungen aus. Die Kaiserliche Schatzkammer bekommt die Steuern. Die eroberten Gebiete außerhalb Italiens bilden die *Provinzen*. Der Kaiser wird dort durch *Statthalter* vertreten, die die Städte überwachen, in seinem Namen Recht sprechen und seine Befehle ausführen. Das Reich hat 44 Provinzen.

Der Aufstand der Armen

Die Armen, die *humiliores* (kleinen Leute), haben keinerlei Macht. Die Kleinbauern befinden sich in einer schwierigen Situation. Oft müssen sie, durch die Steuern und Schulden ruiniert, ihr Land an die Großgrundbesitzer abgeben und werden einfache Landarbeiter. Des öfteren brechen während Hungersnöten und Epidemien Aufstände aus. Das Schicksal der Sklaven hängt von ihrem Herrn und ihrer Stellung ab. In der Stadt unterscheidet es sich nur wenig von dem eines armen Bürgers.

Die größte Stadt der Welt

Die Kaiser machen Rom zur schönsten Stadt des Reiches. Sie schmücken sie mit Triumphbögen, Säulenhallen und großen Plätzen, Zentren des öffentlichen Lebens:

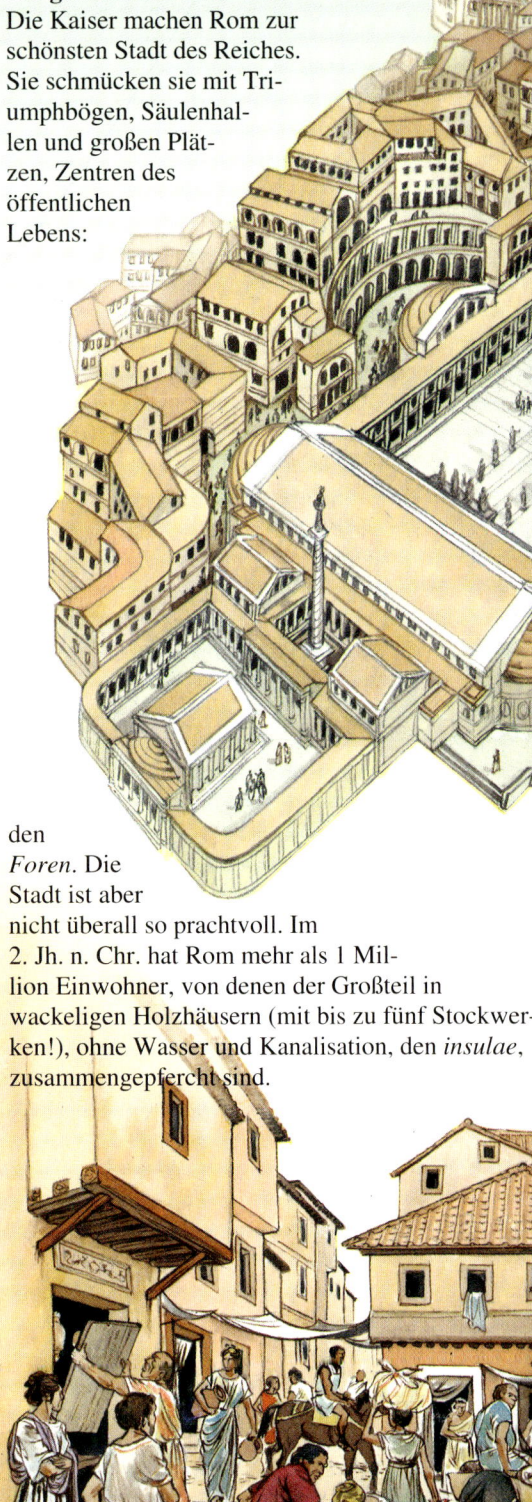

den *Foren*. Die Stadt ist aber nicht überall so prachtvoll. Im 2. Jh. n. Chr. hat Rom mehr als 1 Million Einwohner, von denen der Großteil in wackeligen Holzhäusern (mit bis zu fünf Stockwerken!), ohne Wasser und Kanalisation, den *insulae*, zusammengepfercht sind.

Das Wasser fließt über Aquädukte in die Häuser der Reichen, in die Springbrunnen und Thermen

Die reichen Römer leben lieber außerhalb der Stadt. Sie wohnen in prächtigen geschmückten Häusern, die mit Gärten umgeben sind

Die Gassen sind eng, schmutzig und nach Einbruch der Dunkelheit gefährlich. Es kommt auch häufig zu Großbränden

Die Verehrung des Kaisers

Der Kaiser hat den Namen „Augustus" erhalten, das bedeutet, daß sein Ansehen vergleichbar ist mit dem eines Gottes. Es entsteht ein echter Kult um seine Person. Der Kult hat vor allem das Ziel, ihm Treue zu sichern. Der Senat ehrt einen Kaiser damit, daß er ihn nach seinem Tod zu einem Gott erklärt. Diese Ehrerweisung nennt man *Apotheose*.

Brot und Spiele

Es gibt Bauten, die nur dem Vergnügen dienen. Die Thermen sind stark besuchte Badeanstalten, umgeben von Turnhallen, Gärten und Bibliotheken. Es gibt Theater, von denen das größte 35 000 Zuschauer faßt; im Circus Maximus können 450 000 Besucher Wagenrennen verfolgen; und im Kolosseum finden Gladiatorenkämpfe statt. Im Kaiserreich wurden die Spiele ein Mittel der Regierung: „Panem et circenses" heißt das Schlagwort dafür, Brot und Spiele (für das Volk, damit es zufrieden ist, und nicht aufbegehrt). Das Jahr hat 180 Festtage, jeder zweite Tag ist also ein Feiertag.

Die Versorgung der großen Stadt

Der Handel dient in erster Linie dazu, Rom mit Lebensmitteln zu versorgen. Aus Europa, Afrika und dem Orient kommen die verschiedensten Waren, die Rom zu einem gewaltigen Weltmarkt machen.

Gladiatorenkampf

41

Die römische Kultur

Die Literatur

Die römischen Schriftsteller schaffen, beeinflußt durch die griechische Kultur, eine bedeutende Literatur. Der erste, der die lateinische Sprache in der Literatur verwendet, ist aber ein Grieche! Livius Andronicus, ein ehemaliger Sklave, übersetzt Homers *Odyssee* ins Lateinische.

Die römische Schule

Sie hat die griechische Schule als Vorbild. Die Knaben kommen mit 7 Jahren in die Grundschule, dann mit 12 Jahren in die Schule des *grammaticus*, in der sie bleiben, bis sie 15 Jahre alt sind. Söhne reicher Eltern besuchen danach noch 5 Jahre lang eine Rhetorenschule. Der Grundschüler ist einem Diener, dem *Erzieher*, anvertraut, der ihn den ganzen Tag begleitet.

Die Schüler schreiben auf Holztafeln, die mit einer Wachsschicht überzogen sind

Redner und Dichter

Im Senat und bei Gericht messen sich die Männer in der Redekunst. Cicero ist ein großer Redner. Seine Reden, von denen er über 100 geschrieben hat, sind heute noch berühmt. Es gibt auch viele Gegenreden von Caesar, seinem politischen Gegner. Vergil ist einer der größten Dichter der römischen Geschichte. Von ihm ist die *Äneis*, ein Werk, das die Gründung Roms beschreibt. Auch Horaz ist ein großer Dichter, der die römischen Traditionen und die Tugenden des Augustus rühmt. Vergil und Horaz werden beide von einem Mäzen unterstützt. Und Ovid erzählt in seinen *Metamorphosen* in 12 000 Versen von der klassischen Mythologie.

Bücher sind selten. Der Lehrer verwendet Papyrusrollen

Die besten Künstler der Welt

Am Anfang orientiert sich die römische Kunst sehr an der griechischen, aber bald entwickelt sie sich selbständig.
Die Architektur zeigt eine bemerkenswerte Ausgeglichenheit, Eleganz und Dauerhaftigkeit. Bögen und Wölbungen tauchen auf und werden immer häufiger. Gewölbe und Kuppeln schließen mächtige Gebäude ab.

Die römische Villa

Sie wird inmitten eines großen Landgutes, dem *latifundium*, gebaut, das einem reichen Besitzer gehört. Das Latifundium ist ein Gehöft, das der Stadt Nahrung liefert. Einige Villen beschäftigen mehrere hundert Sklaven und freie Bauern. Viele dieser großen Güter sind die Ursprünge heutiger Dörfer.

Mit ihren Dimensionen – manchmal mit bis zu 200 Räumen – sind einige Villen wahre Landpaläste

Der Reichtum Pompejis

Am 24. August 79 wird Pompeji nach dem Ausbruch des Vesuvs unter einem Aschenregen begraben. Seine Überreste werden 1860 wiederentdeckt und liefern unschätzbare Informationen über das Leben der Römer im 1. Jahrhundert. Der Reichtum der Wohnungen, ihre Ausstattung, die Qualität der Möbel und die zahlreichen Gegenstände, die ans Tageslicht kamen, zeigen den Kulturstand, den die Römer erreicht hatten.

Das Mittelmeer zur Zeit des römischen Frieden

Der Aufbau des Reiches

Zwei Jahrhunderte lang herrscht Frieden im gesamten Reich. Das römische Heer sichert die Grenzen des riesigen Gebietes von 5 Millionen km^2 und garantiert damit den Wohlstand von 80 Millionen Menschen. Die Verwaltung der 44 Provinzen vertraut der Kaiser hohen Beamten, den *Gouverneuren,* an. Die Reichsprovinzen sind unsichere Grenzprovinzen, wo Truppen lagern; die Gouverneure werden direkt vom Kaiser ernannt. Die Senatsprovinzen sind die ältesten und reichsten; die Gouverneure für diese Provinzen werden vom Senat ernannt.

Die römischen Grenzen werden durch befestigte Gebiete geschützt, den „Limes".

Britannien

Gallien

Nor

Spanien

Ron

Afrika

90 000 km Straßen

Um die Provinzen untereinander zu verbinden und um ein rascheres Fortkommen von Truppen und kaiserlichen Kurieren zu erleichtern, bauen die Römer ein ausgedehntes Straßennetz. Diese römischen Straßen sind geradlinig und haben Meilensteine (1 römische Meile ist 1472,50 m lang) und Raststätten. Sie sind die Vorgänger unserer heutigen Überlandstraßen.

Römisches Reich im 2. Jh.

Limes

Griechenland

Kleinasien

Das Christentum verspricht ein Leben nach dem Tod und richtet sich gleichermaßen an Arme und Reiche

Jesus Christus

Bevölkerungsvermischung
Die Soldaten der Garnisonen, die Errichtung von Siedlungen, die Händler aus dem Orient und die Zuwanderung aus Rom in die Provinzen führen zu einer Bevölkerungsvermischung, aus der das Reich starke wirtschaftliche Kraft zieht.

Der große Erfolg des Christentums
Anfang des 1. Jahrhunderts breitet sich von Palästina her eine neue Religion im römischen Reich aus. Ein Galiläer, Jesus von Nazareth, der sich als Sohn Gottes bezeichnet, wird von einigen Menschen als der von den Propheten verheißene Messias (Christus) anerkannt. Er gibt seine Lehre an seine Jünger, die Apostel, weiter, wird gekreuzigt und begründet damit das *Christentum*. Da die Christen die offizielle Religion ablehnen und sich weigern, den Kaiser anzubeten, werden sie verfolgt. Erst im 6. Jahrhundert beendet Kaiser Konstantin die Christenverfolgungen. Er tritt zum Christentum über und macht es zur Staatsreligion.

Die Bedrohung durch die „Barbaren"
198 gewinnt das Reich die Provinz Mesopotamien hinzu, die von Septimius Severus erobert wird. Aber der Untergang ist nahe; das römische Reich wird ständig von „Barbaren" (= Nichtrömern) bedroht. Schon 102 v. Chr. wurden „Barbaren" verjagt, die bis Gallia Narbonensis (Provinz im Süden Galliens) kamen. Anfang des 3. Jh. bedrängen viele Völker die Grenzen. Die Römer werden überwältigt. Die Eindringlinge sind nicht mehr zurückzuhalten.

Die „Romanisierung"
In den Provinzen versuchen die Bewohner die Römer nachzuahmen. Die einheimischen Sprachen verschwinden, und Latein wird die Amtssprache des Reiches. Im Orient wird weiterhin Griechisch gesprochen. Die Städte errichten Bauwerke nach römischem Vorbild. Die Gerichte praktizieren das römische Recht. Alle Bewohner des Reiches zahlen Steuern an Rom, und überall existiert derselbe Kult um den Kaiser. Manchen Persönlichkeiten in den Provinzen wird das römische Bürgerrecht verliehen.

Die Völkerwanderung

Rom wird erobert
410 erobern die Westgoten unter Alarich Rom. Dies löst große Bestürzung aus, denn acht Jahrhunderte lang ist es keinem Feind gelungen, die „ewige Stadt" einzunehmen. 455 wird Rom von den Wandalen abermals geplündert. Aber Rom ist nicht völlig zu zerstören. Die Stadt lebt weiter als Sitz der Kirche unter dem Schutz des Papstes.

Die Germanen fallen im Römischen Reich ein

Die Römer nennen alle Völker, die nicht unter ihrer Herrschaft stehen, „Barbaren". Ab dem 3. Jh. wird das Reich im Norden und Osten von germanischen „Barbaren" bedroht, die sich im fruchtbaren Mittelmeerraum festsetzen möchten. Die sogenannte Völkerwanderung beginnt. Kurz nach 400 überqueren diese Germanenstämme den Rhein und verbreiten sich im Reich. Die Westgoten nehmen Rom ein, bevor sie nach Spanien ziehen. Die Alemannen, Franken und Burgunder erobern Gallien. Die Wandalen lassen sich in Nordafrika nieder. Die Angeln und Sachsen setzen sich in der Bretagne fest, die Ostgoten in Italien.

Die Hunnen verbreiten Angst und Schrecken. Sie plündern und morden

Attila, die Geißel Gottes

Unter ihrem Herrscher Attila dringen die Hunnen, ein Reitervolk aus den Steppen Asiens, 451 in das römische Reich ein. Im Gegensatz zu den anderen „Barbaren", die sich nach der Eroberung in den fruchtbarsten Regionen festsetzen, unternehmen die Hunnen nur Raubzüge. Die Römer verbünden sich mit den Germanen, um sie zu bekämpfen. Die Hunnen werden in der Schlacht auf den Katalaunischen Feldern besiegt, ziehen sich zurück und siedeln sich jenseits der Donau an.

Das Abendland im 4. Jh.

Die Teilung des Römischen Reiches

Um das Reich besser verteidigen zu können, wird in Rom die Macht unter mehreren Kaisern aufgeteilt. Im 4. Jahrhundert gelingt es Konstantin wieder, die alleinige Macht zu gewinnen, und er gründet eine neue Hauptstadt, die er Konstantinopel nennt. Nach dem Tod des Kaisers Theodosius wird das Reich zweigeteilt: in das Weströmische Reich mit Rom und in das Oströmische Reich mit Konstantinopel als Hauptstadt.

Kaiser Konstantin

Der Untergang Westroms

476 übernimmt der Germanenführer Odoaker die Macht in Rom von Kaiser Romulus. So endet das Weströmische Reich. Der Fall Roms hat einen kulturellen Niedergang zur Folge. Die aus Siegern und Besiegten neu entstandene Gesellschaft spricht nur noch ein sehr verkommenes Latein; es gibt weder Schulen noch eine ordentliche Verwaltung; es werden auch keine Bauten aus Stein mehr errichtet. Krieg und Gewalt herrschen überall.

Die Germanen

Die Heerführer setzen sich durch

Es dauert über ein Jahrhundert, bis die Germanen, die sowohl Beute als auch fruchtbares Land suchen, sich wieder fest niederlassen; während dieser hundert Jahre ersetzt die Macht der Heerführer Zug um Zug die römische Herrschaft. Die Germanen leben in Stämmen, die aus Sippen bestehen. Sie bemächtigen sich eines Großteils des römischen Territoriums. Zu Beginn des 4. Jahrhunderts besteht das Abendland aus vielen selbständigen Reichen. Es dauert noch zwei Jahrhunderte, bis Römer, Galloromanen und Germanen sich soweit vermischen, daß die Ansätze zur heutigen Bevölkerung Europas entstehen.

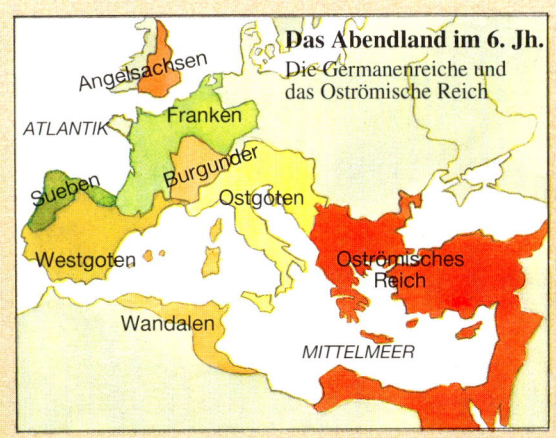

Das Abendland im 6. Jh.
Die Germanenreiche und das Oströmische Reich

Das germanische Recht

Die germanischen Sippen üben Selbstjustiz aus. Um dies einzuschränken, erlassen die Stammesführer Gesetze. Die *lex salica* (Gesetz der Franken) setzt das *Wergeld* fest, das heißt den Betrag, den ein Schuldiger an sein Opfer oder an dessen Familie zahlen muß. Für den Mord eines Mannes mußten folgende Strafen gezahlt werden: für 20 - 50jährige 300, für 50 - 65jährige 200, und für über 65jährige 100 Goldstücke.

Der Zweikampf ist Teil des germanischen Gerichtswesens

Kläger und Beklagter stellen sich zum Zweikampf. Der Verlierer gilt als schuldig

48

Die germanische Kunst

Die Germanen sind geschickte Schmiede. Sie verbinden Metall aus mehreren Lagen und erhalten so widerstandsfähigeren Stahl als die Römer. Ihre künstlerischen Fertigkeiten beweist Goldschmuck mit eingeschmolzenen Glasmosaiken. Dabei werden in kleine Gold- oder Silberzellen Edelmetalle, Glasschmelze oder auch Edelsteine eingefaßt.

Die Germanen und das Christentum

Die Kirche bemüht sich, ihren Glauben gegen den heidnischen der Germanen durchzusetzen. Die christliche Lebensweise wird vor allem in den Klöstern, die ab dem 4. Jahrhundert entstehen, vorgelebt. Der Hl. Benedikt verkündet eine Regel, die die Zeit in Beten, Arbeiten und Meditieren einteilt. Nach und nach treten alle Germanenfürsten zum Christentum über.

Chlodwig, erster König der Franken

481 wird der erst sechzehnjährige Chlodwig König der Franken. Er beginnt, Gallien, das in mehrere Reiche geteilt ist, zu erobern. Bei Soissons gewinnt er 486 seine erste Schlacht gegen Syagrius und die Galloromanen. 496 besiegt er die Alemannen bei Tolbiac und tritt zum Christentum über. Mit Unterstützung der Kirche besiegt er 507 die Westgoten bei Vouglé. Er stirbt 511 als Herrscher über den größten Teil Galliens.

Karl der Große

Karl, ein christlicher König

Karl der Große (lateinisch: *Carolus Magnus*) wird 768 König. Als Verteidiger des Christentums christianisiert er rücksichtslos die eroberten Gebiete. Er beschützt die Kirche und unterstützt den Papst in seinen Auseinandersetzungen mit den mächtigen Familien Roms. Man nennt ihn deshalb auch „Kirchenvater".

Karl der Große ist ein Enkel von Karl Martell, der 732 die Araber bei Poitiers zurückschlug, und der Sohn Pippins des Kurzen und damit ein Karolinger

Angelsächsisches Reich · Sachsen · Aachen · Paris · Bretagne · Langobarden · Sarazenen · Roncesvalles · Rom

Fränkisches Reich um 768
Kirchenstaat
Eroberungen Karls des Großen

Die Feldzüge

Karl möchte das Frankenreich vergrößern und führt deshalb jedes Frühjahr Kriege. Insgesamt unternimmt er 46 Feldzüge. In Italien bekämpft er die Langobarden, die den Papst bedrohen. Dreißig Jahre lang bekriegt er die Sachsen östlich des Rheins. Südlich der Pyrenäen kämpft er gegen die Moslems in Spanien. Bei einem Spanienfeldzug 778 wird seine Nachhut unter Roland im Tal von Roncesvalles vernichtet.

Karl der Große wird Kaiser

Nach all seinen Eroberungen ist Karl der Große der mächtigste Herrscher Westeuropas. Im Jahre 800 krönt ihn Papst Leo III. zum römischen Kaiser. Das letzte Mal war dieser Titel 476 vergeben worden. Karl der Große richtet seinen Hof in Aachen ein, wo er auch einen großartigen Palast bauen läßt, die sog. Kaiserpfalz.

Die Verwaltungsreformen

Um sein Territorium besser regieren zu können, strebt Karl der Große eine Verwaltung ähnlich der des Römischen Reiches an. Die Grafen, denen er große Gebiete zu „Lehen" gibt, sind für Ordnung und Rechtsprechung verantwortlich. Beaufsichtigt werden sie von „Boten des Königs", den *missi dominici*. Die Gesetze und Vorschriften des Kaisers, die *capitularia*, werden im ganzen Reich verbreitet. Karl stützt sich dabei auf die Kirche, die einen Treueid von ihren Untertanen fordert. Aus ihren Reihen rekrutiert er seine Beamten.

Die Kaiserpfalz Karls des Großen in Aachen

Die „karolingische Renaissance"

Der Hof Karls des Großen ist ein Anziehungspunkt für die geistige Elite. Auf Anregung seines Beraters Alkuin errichtet er Schulen. Während seiner Herrschaft entwickeln sich die Klöster zu Mittelpunkten der Kultur. Zerstörte Kirchen werden wieder aufgebaut und mit Mosaiken, Gemälden und Skulpturen ausgeschmückt. Viele kunstvoll illustrierte Handschriften entstehen.

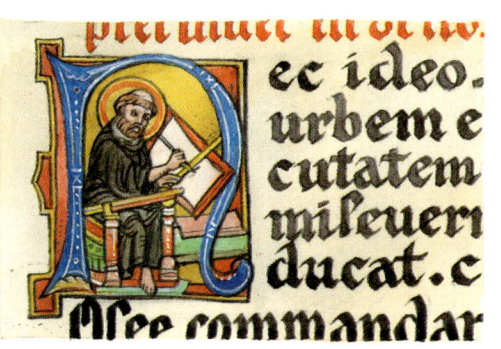

Reichsteilung und Feudalismus

Der Vertrag von Verdun

Dem Sohn Karls des Großen, Ludwig dem Heiligen, gelingt es, die Einheit des Reiches zu erhalten. Nach seinem Tod 840 wird zwar sein ältester Sohn Lothar Kaiser, aber Lothars Brüder Ludwig und Karl erheben ebenfalls Erbansprüche. 842 schwören sie in den Straßburger Eiden, sich gegenseitig zu helfen, falls Lothar sie angreift. Die Eide werden in Althochdeutsch und Altfranzösisch geschworen; dem späteren Deutsch und Französisch. 843 wird das Reich durch den Vertrag von Verdun zwischen den drei Brüdern geteilt.

Die Teilung des Reiches 843

Ludwig der Deutsche, König von Deutschland

Lothar I, König von Lothringen

Deutsches Reich

Westfränkisches Reich

Lothringen

Karl der Kahle, König von Frankreich

Die Zersplitterung des Reiches

Die karolingischen Könige vertrauen die Verwaltung ganzer Provinzen Grafen, Markgrafen oder Herzögen an. Diese Fürsten betrachten ihre Territorien bald als ihr Eigentum. Nach dem Tod Karls des Kahlen 877 verweigern sie dem König die Gefolgschaft. Als Herrscher über unabhängige Fürstentümer werden sie manchmal mächtiger als der König selbst.

Die Entstehung des Lehnswesens

Seit Karl dem Großen verpflichten die Karolinger ihre Untertanen zur Leistung eines Treueides. Mit ihrer *Huldigung* werden die Fürsten *Vasallen* des Königs und müssen ihm bei drohenden Gefahren beistehen. Für ihre Treue erhalten sie vom König, ihrem *Lehnsherr*, Länder zu *Lehen*. Die unmittelbaren Vasallen des Königs können ihrerseits weniger mächtige Ritter durch Treueid an sich binden. Dieses Treueverhältnis von Mann zu Mann ist das Kernstück des *Feudalismus*, der sich rasch auf das ganze Staatswesen ausbreitet.

Die Macht der Fürsten

Die königliche Macht schwindet zunehmend, dafür werden die Fürsten zu wahren Königen in ihren Territorien. Sie haben eine eigene Armee, heben Steuern für sich ein und zwingen die Bauern, ihnen zu gehorchen. Diese müssen den Fürsten Steuern zahlen oder Frondienst verrichten; als Gegenleistung bekommen sie deren wenig zimperlichen „Schutz".

Immer weniger freie Bauern

Die Bauern, die einen Großteil der Bevölkerung darstellen, leben im Elend. Nach dem Tod Karls des Großen sind sie nicht nur Hungersnöten und Krankheiten, sondern auch Plünderungen ausgesetzt. Die einst zahlreichen freien Bauern werden immer weniger, die zuvor nur abhängigen Bauern werden nun *Leibeigene*, ähnlich den antiken Sklaven: Sie haben keine Rechte, sind an das Land gebunden und können mit diesem verkauft werden.

Die Normannen

Die Wikinger erobern ferne Länder

Früher nannte man die Dänen, Schweden und Norweger *Wikinger*. In Mittel- und Südeuropa sind sie auch als *Normannen* (Nordmänner) bekannt. Diese Völker führen ein hartes Leben in einem Land, wo das strenge Klima keine Entwicklung der Landwirtschaft zuläßt. Da sie aber hervorragende Seefahrer sind, verlassen sie ihr Land und fahren mit ihren Drachenbooten auf Entdeckungsreisen. Einige kolonisieren Island und Grönland und erreichen sogar Kanada. Andere brechen nach Rußland und an die europäischen Küsten auf, oft als gefürchtete Piraten, die dann überall, wo sie landen, Schrecken verbreiten.

Die Küsten Europas werden geplündert

Ab dem 8. Jahrhundert unternehmen die Wikinger ihre ersten Raubzüge entlang der englischen und französischen Küste. Im 9. Jahrhundert werden ihre Angriffe immer häufiger. Sie wollen sich der Reichtümer der Kirchen und Klöster bemächtigen.

841 dringen die Wikinger auf der Seine bis Rouen vor. Sie setzen die Stadt in Brand, nachdem sie sie geplündert und ihre Einwohner niedergemetzelt haben

843 segeln sie die Loire hinauf bis Nantes, töten den Bischof und alle Priester und zerstören die Stadt

Das Wikingerschiff ist ein 20 bis 25m langes und 5m breites Langboot. Es hat Platz für ungefähr 60 Mann, von denen 30 Ruderer sind, die mit ihm bis zu 20 km/h Geschwindigkeit erreichen. Sie führen auch Pferde mit. Das Boot ist sehr flach und kann auch Flüsse befahren

Die Fahrten der Wikinger (8.-11. Jh.)

und sind machtlos. Mit der Zeit aber normalisieren sich die Dinge. Die Wikinger lassen sich nieder und leben mit den Einheimischen zusammen. 911 schließt Karl der Einfältige einen Vertrag mit dem Normannenführer Rollo in Saint-Clair-sur-Epte, der ihm den Westen des Reiches zuspricht. Dieses Gebiet wird *Normandie* genannt. Rollo wird Herzog der Normandie, konvertiert zum Christentum und schwört dem König den Treueid.

Neuere Forschungen haben ergeben, daß das berüchtigte „Rauben und Plündern" der Wikinger eher die Ausnahme als die Regel war und sie vielfach einfach als Händler und Siedler kamen; viel wurde damals und in den Überlieferungen stark übertrieben.

Die Waräger
Im 9. Jahrhundert erkunden Wikinger aus Schweden und Finnland, die *Waräger*, die Küsten Rußlands. Sie sind nicht nur hervorragende Krieger, sondern auch geschickte Handelsleute. Im 10. Jahrhundert gründen die Waräger den ersten Staat auf russischem Boden mit Kiew als Hauptstadt und bekehren sich zum Christentum.

Wie die Normandie ihren Namen bekam
Die Normannen verbreiten Angst und Schrecken mit ihrer Brutalität und ihren überfallartigen Angriffen, die es schwer machen, ihnen Paroli zu bieten und beizukommen. Die Franken haben keine Flotte

Das Byzantinische Kaiserreich

Während das Weströmische Reich unter dem Ansturm der Germanen auseinanderbricht, behauptet sich das Oströmische mit seiner Hauptstadt Konstantinopel, die auf dem antiken Byzanz erbaut wurde.

Der allmächtige Kaiser

Der Kaiser ist, wie einst in Rom, ein absoluter Herrscher. Er wird vom Patriarchen von Konstantinopel, dem Oberhaupt der Ostkirche, gekrönt. Dieser gilt als heilige Person und Vertreter Gottes auf Erden. Der Kaiser lebt in einem prunkvollen Palast. Ist er anwesend, so muß man sich ihm zu Füßen werfen. Bei der Regierung wird er von zahlreichen Beamten, die ihm treu ergeben sind, beraten.

Die Bewahrer der antiken Kultur

Kaiser Justinian regiert in Byzanz von 527 bis 565. Da er sich als Nachfolger der römischen Kaiser sieht, möchte er das Reich in seiner alten Größe wiedervereinigen. Er erobert einen Teil des Westreiches zurück und beherrscht so wieder den Mittelmeerraum. Er erläßt den *Codex Iustinianus*, eine Sammlung von Gesetzen, dank deren das römische Recht dem Abendland überliefert wird. Während der Herrschaft von Basileios II. (976-1025) ist Byzanz das größte Handelszentrum und geistiger Mittelpunkt der Welt. Wissenschaft und Lehre sind von antikem griechischem Gedankengut bestimmt.

Kaiser Justinian und sein Hof

56

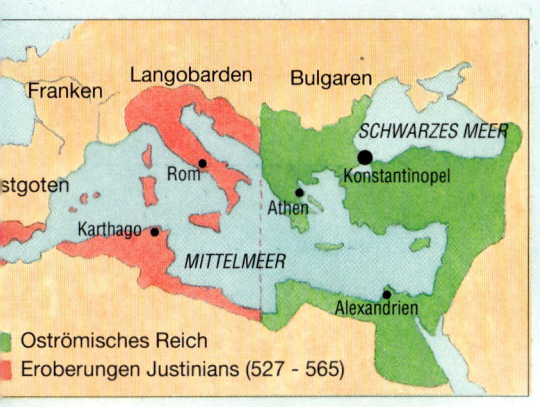

Franken Langobarden Bulgaren
stgoten Rom SCHWARZES MEER
Karthago Athen Konstantinopel
MITTELMEER
Alexandrien

Oströmisches Reich
Eroberungen Justinians (527 - 565)

Die Hagia Sophia wurde
unter Kaiser Justinian erbaut.
Sie hat die Bauweise vieler
Kirchen, auch im Westen,
beeinflußt

Der Gegensatz zwischen Byzanz und dem Christentum im Westen

Die überaus religiösen Byzantiner legen die Heilige Schrift auf ihre Weise aus. Der Kaiser und die Bischöfe versuchen, die Orthodoxie (den „rechten Glauben") zu verteidigen. Das führt zu Konflikten zwischen dem Papst in Rom, der Latein spricht und unter den Germanen lebt, und dem Patriarchen von Konstantinopel, der vom Kaiser unterstützt wird und Griechisch spricht. Die beiden christlichen Gemeinden spalten sich 1054 („Schisma").

Glanzvolle byzantinische Architektur

Die byzantinische Kunst ist vor allem religiöser Natur. Sie zeigt das Verschmelzen zweier Welten: Abendland und Orient. Konstantinopel ist die „Königin der Städte": umringt von römischen Wällen, mit fast zwanzig kaiserlichen Palästen, Foren, Thermen usw.

Die arabische Welt

Die Offenbarung des Mohammed

Der 570 in Mekka geborene Mohammed ist ein Kaufmann. Um 610 hat er eine Vision. Der Engel Gabriel befiehlt ihm, den *Islam*, das heißt den Gehorsam gegenüber dem einen Gott, Allah, zu predigen.

Seine Prophezeiungen haben wenig Erfolg. 622 flüchtet er von Mekka nach Medina. Diese Flucht, *Hedschra* genannt, ist der Beginn der islamischen Zeitrechnung. In Medina gründet er die erste Gemeinschaft von Gläubigen. 630 erobert er Mekka und erklärt es zur heiligen Stadt. Nun breitet sich seine Religion sehr schnell in Arabien aus. Allahs Worte, die Mohammed verkündete, sind im *Koran* gesammelt.

Ein kriegerischer Glaube

Nach dem Tod Mohammeds 632 regieren die *Kalifen* die Araber. Diese stammen aus dem Freundeskreis des Propheten und setzen sich ein gemeinsames Ziel: durch den Heiligen Krieg (*jihad*) den Islam unter den Heiden zu verbreiten. Nach weniger als einem Jahrhundert erstreckt sich die muselmanische Herrschaft von Indien bis Spanien. Die schnellen Eroberungen sind eine Folge des wilden Todesmuts der arabischen Reiter. Der Koran verspricht den Kriegern, die für den Glauben sterben, das Paradies.

Eine hervorragende Zivilisation

Zwischen dem 8. und 9. Jh. liegt das „Goldene Zeitalter" des Islam. Die Kalifen, vor allem der in Bagdad, genießen großes Ansehen. Ihr Reichtum ist sprichwörtlich. Als Treffpunkt der Kulturen der Griechen, Perser, Inder und Chinesen erfährt die islamische Welt in Kunst, Wissenschaft und Literatur eine Hochblüte. Große Bibliotheken werden in Cordoba, Kairo und Bagdad gegründet. Diese Kultur beginnt langsam den mittelalterlichen Westen zu beeinflussen.

Die fünf Pfeiler des Islam
(grundlegende Gesetze der Religion)
Der Moslem muß:
- an einen Gott glauben;
- fünfmal am Tag beten;
- Almosen geben;
- im heiligen Monat Ramadan fasten;
- einmal im Leben eine Pilgerfahrt nach Mekka unternehmen.

Das Arabische von rechts nach links gelesen.

Miniatur
einer Bibliothek

Die islamische Kunst
Sie vereinigt verschiedene architektonische
Elemente aus verschiedenen Ländern, wie
Kuppeln aus Byzanz, Bögen aus Persien und
Säulenkapitelle aus Griechenland. Mosaike und
Gemälde verzieren die Wände. Da der Koran
Darstellungen des Menschen verbietet, werden
geometrische Figuren oder Rankenverzierungen,
sogenannte *Arabesken*, gemalt.

**Juden und Christen
im muselmanischen Spanien**
Die Araber sind tolerant gegen die
„Ungläubigen", besonders gegen Juden und
Christen, die in Anspielung auf die Bibel als
„Volk des Buches" bezeichnet werden. Sie
dürfen, sofern sie Steuern entrichten, ihre
Religion beibehalten. 713 wird zwischen
dem arabischen Eroberer Spaniens und
dem westgotischen katholischen Fürsten
Theodomir ein Vertrag geschlossen.

Der Höhepunkt der chinesischen Kultur

Die kaiserliche Verwaltung

Zwischen 221 v. Chr. und 1911 wird China von mehreren aufeinanderfolgenden kaiserlichen Dynastien regiert. Die wichtigsten sind bis zum 13. Jahrhundert die Östliche Han- (1.-3. Jh.), die T'ang- (7.-10. Jh.) und die Sung-Dynastie (10.-13. Jh.). Als Sohn des Himmels hat der Kaiser von Gott die Macht zu regieren bekommen. Er umgibt sich mit Gelehrten, die lesen und schreiben können. Diese hohen Beamten, *Mandarine* genannt, leiten den Staat. Dieser ist zentralistisch aufgebaut: Er kontrolliert den Handel, monopolisiert wichtige Waren wie Salz und Tee, und prägt das Geld.

Die Aufnahmeprüfung für hohe Beamte

Gelehrte und Handwerker

Die Klasse der Gelehrten bildet die Spitze der Gesellschaft. Sie genießt aufgrund ihrer Macht, ihres Wissens und ihres Reichtums weitgehende Privilegien. Die Vorteile bestehen vor allem in der verschiedenen Besteuerung der Regierenden und Regierten, den Händlern, Bauern und Handwerkern.

Während der Sung-Zeit erlangt das künstlerische Leben eine außergewöhnliche Verfeinerung; Herstellung und Verzierung von Jade- und Porzellangegenständen, Seideproduktion, Schönschreibkunst, Malerei, Dichtung.

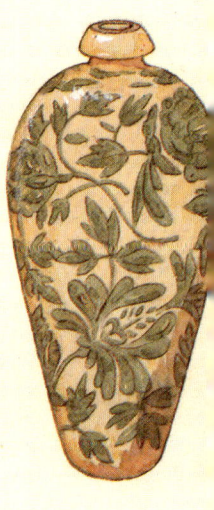

Viele Chinesen entgehen der Armut in den Städten, indem sie mit Verkaufsständen oder im Herumziehen Kleinhandel betreiben

Geschickte Händler

Die chinesische Bevölkerung verdoppelt sich in zwei Jahrhunderten und zählt im 12. Jahrhundert 100 Millionen Menschen. Große Städte entstehen. Der Verkauf von Seide, Porzellan, Papier und Getreide (vor allem Reis) sichert den Reichtum der großen Händler, die nach ganz Asien exportieren.

Bronzestücke (Han-Dynastie)

Entdeckungen und Erfindungen

In der Technik ist China dem Rest der Welt weit überlegen.

Papier: im 2. Jahrhundert v. Chr. erfunden (hergestellt aus Pflanzenfasern); ersetzt Seide im 3. Jahrhundert.

Buchdruck: im 9. Jahrhundert erfunden (erste Buchstaben aus Ton).

Schießpulver: im 7. Jahrhundert erfunden; militärische Anwendung im 10. Jahrhundert.

Kompaß: Prinzip im 3. Jahrhundert v. Chr. entdeckt; Anwendung auf See im 10. Jahrhundert.

Wir verdanken den Chinesen auch das *Gußeisen, das Heckruder, den Schubkarren, das Schleusentor* u. a. m.

Die Feudalgesellschaft

Die Grundherrschaft

Die Grundherrschaften sind große Agrarflächen, Überreste der alten Landsitze. Sie sind zweigeteilt: in die *Eigenwirtschaft*, die dem Grundherrn gehört und die von seinen Leibeigenen bearbeitet wird, und in das den Bauern überlassene Lehen. Alle Bewohner der Grundherrschaft unterliegen der Macht, dem *Bann*, des Grundherrn.

Wachturm

Zinne

Zinnenlücke

Maschikulis

Zugbrücke

Die Burg

Sie ist Symbol der Macht des Grundherrn. Die ersten Burgen sind Holztürme, die auf Erdhügeln gebaut werden. Geschützt werden sie durch Erdwälle, auf denen eine Holzpalisade steht. Ab dem 12. Jahrhundert werden die Burgen aus Stein gebaut mit mächtigen Mauern und einem schwer anzugreifenden Bergfried. Droht Gefahr, so ist der Bergfried Zufluchtsstätte für die Bevölkerung der Umgebung.

Die Staatspyramide

Der König

Die Kirche

Der Adel

Die Ritter

Die Bauern (90% der Bevölkerung)

Die Bauern

Als Gegenleistung für das Lehen schulden die Bauern dem Grundherrn den Zins in Geld oder Naturalien (Getreide, Geflügel), den *Zehent* (ein Zehntel der Ernte) und *Frondienste* (unbezahlte Arbeit). Sie müssen die *Bannbetriebe* (Backöfen, Mühlen, Kelter) benützen und *Kopfzins* für ihre Verteidigung zahlen.

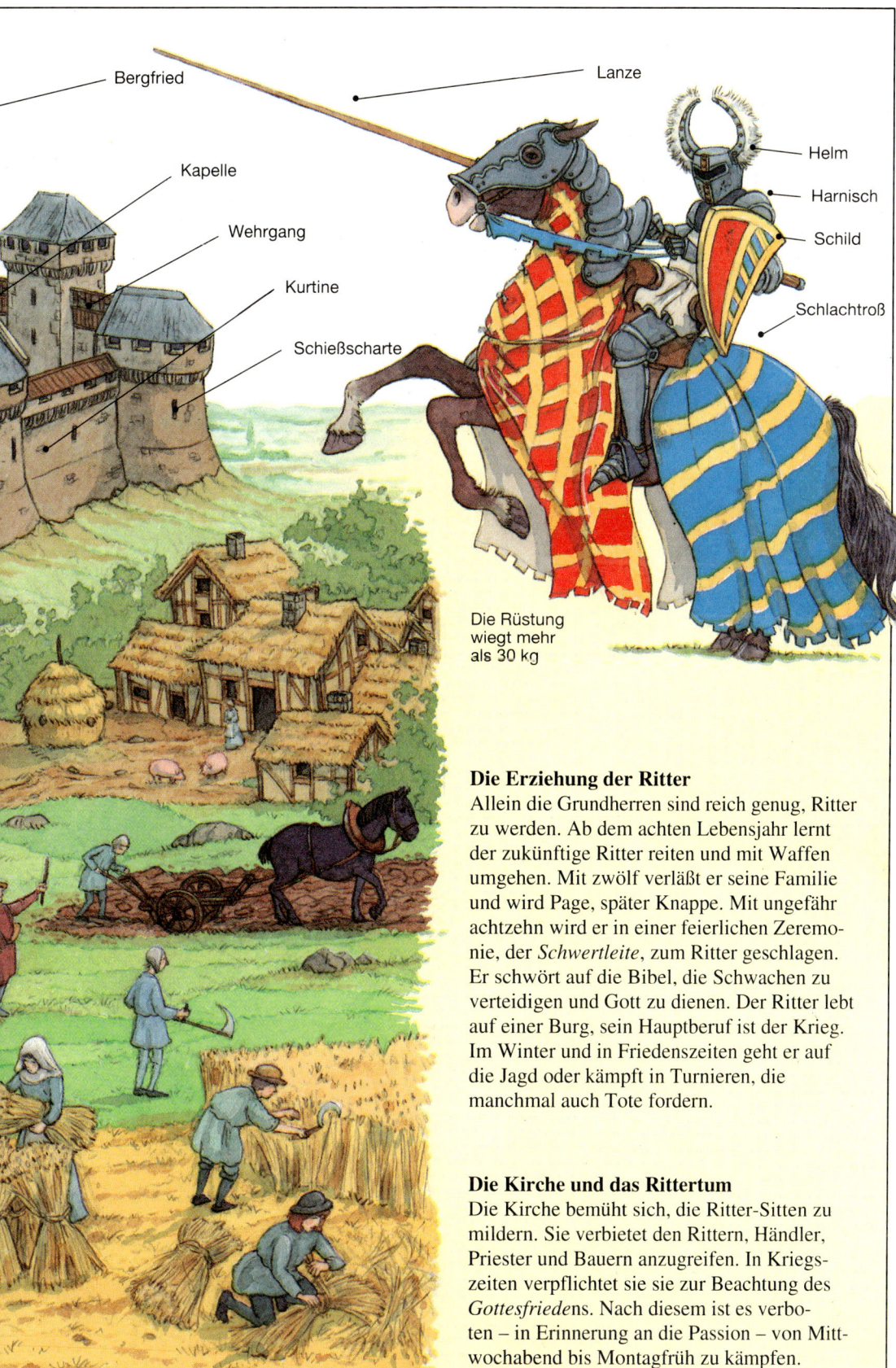

Bergfried
Lanze
Helm
Harnisch
Kapelle
Schild
Wehrgang
Kurtine
Schlachtroß
Schießscharte

Die Rüstung wiegt mehr als 30 kg

Die Erziehung der Ritter

Allein die Grundherren sind reich genug, Ritter zu werden. Ab dem achten Lebensjahr lernt der zukünftige Ritter reiten und mit Waffen umgehen. Mit zwölf verläßt er seine Familie und wird Page, später Knappe. Mit ungefähr achtzehn wird er in einer feierlichen Zeremonie, der *Schwertleite*, zum Ritter geschlagen. Er schwört auf die Bibel, die Schwachen zu verteidigen und Gott zu dienen. Der Ritter lebt auf einer Burg, sein Hauptberuf ist der Krieg. Im Winter und in Friedenszeiten geht er auf die Jagd oder kämpft in Turnieren, die manchmal auch Tote fordern.

Die Kirche und das Rittertum

Die Kirche bemüht sich, die Ritter-Sitten zu mildern. Sie verbietet den Rittern, Händler, Priester und Bauern anzugreifen. In Kriegszeiten verpflichtet sie sie zur Beachtung des *Gottesfrieden*s. Nach diesem ist es verboten – in Erinnerung an die Passion – von Mittwochabend bis Montagfrüh zu kämpfen.

Technischer Fortschritt und Landleben

Der Anbaurhythmus

Ab dem 11. Jahrhundert verbessert man den Ertrag des Bodens, indem man in festgelegter Reihenfolge den Ackerboden wechselt. Man wechselt auch zwischen Wintergetreide, wie Weizen und Roggen, und Sommergetreide, wie Gerste und Hafer. Das Brachland, der Teil, der nicht bearbeitet wird, verkleinert sich, und so steigt der Ertrag.

Die ersten Pflugscharen aus Eisen

Um diese Zeit macht die Metallbearbeitung ebenfalls Fortschritte; aus nun widerstandsfähigerem Eisen kann man bessere Geräte herstellen. Der Holzpflug, der den Boden nur aufkratzte, wird durch den Räderpflug mit Eisenschar und Streichblech, das die Erde umwendet und tiefer gräbt, ersetzt. Die besser bearbeitete Erde bringt mehr Ertrag.

Eine Neuerung: das Schulterjoch

Dieses neue Joch ersetzt das Nackenjoch, das das Zugtier würgte und beim Atmen störte. Das *Schulterjoch* erlaubt dem Tier, das Fünffache der früheren Lasten zu ziehen. Aber es ist teuer, so daß es sich nur die Reichen leisten können. Das Beschlagen der Pferde verbessert ebenfalls die Qualität der Gespanne.

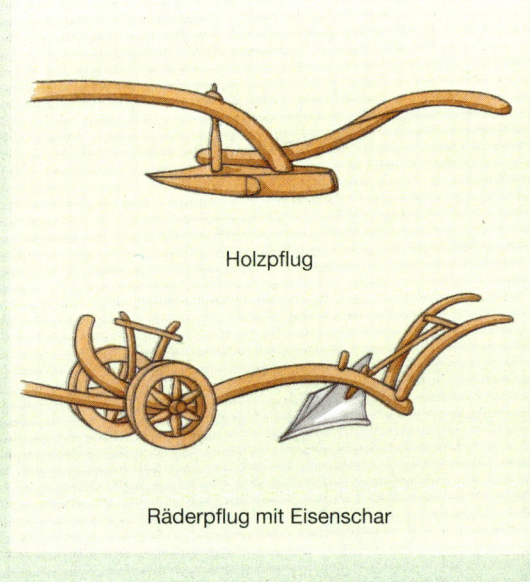

Holzpflug

Räderpflug mit Eisenschar

Nackenjoch   Schulterjoch

Neue Dörfer

Die immer besser werdenden Acker-
baugeräte ermöglichen die Vergrößerung
der Anbauflächen. Man legt Sümpfe
trocken, beseitigt Gestrüpp und Dickicht
und rodet Wald. Im Europa des 10. bis
13. Jahrhunderts werden auf diese Weise
ganze Regionen neu besiedelt. Viele
Dörfer entstehen.

Die Bauern roden immer
nur wenig Wald, der ja
auch Wildreservat und
Weidefläche für das
Kleinvieh ist

Die Ernährung wird besser

Die Ausdehnung der Ackerflächen und die
bessere Bearbeitung des Bodens ermöglichen größere Ernten. Um das Jahr 1000
gewann man nur zwei Körner aus einem
Saatkorn, nun, im 13. Jahrhundert, schon
vier. Damit verbessert sich auch die
Ernährung, und die Menschen werden
zahlreicher und älter.

Die Stadt im Mittelalter

Zuweilen erheben sich Städte gegen ihren Grundherrn, um unabhängig zu werden

Im Schutz ihrer Stadtmauern organisieren sie ihren Widerstand

Die Städte werden unabhängig

Die *Bürger* wollen sich von der Macht des Grundherrn lösen und ihre Städte selbst verwalten. Sie bilden Gemeinwesen und bekommen ein schriftliches Dokument, den *Freibrief*, der ihre Freiheit dokumentiert. Dafür bezahlen sie dem Grundherrn große Summen. An der Spitze der Städte steht ein Rat, in dem die reichen Bürger sitzen.

Ein Stadtsiegel

Die Städte sind ständig bedroht
Die mittelalterlichen Städte ähneln sich. Hinter den Mauern, die ihre Verteidigung sichern, drängen sich schlecht beleuchtete Holzhäuser, getrennt durch enge Gassen voller Abfall. Eine Rinne ist Wasserabfluß und Kloake. Diese Enge und mangelnde Hygiene fördern die Ausbreitung von Bränden und Krankheiten wie der Pest, die zu dieser Zeit häufig auftritt.

Die großen Städte im Mittelalter

Sie liegen an handelsgünstigen Stellen: an Straßen und Flüssen, Furten, Brücken, Fähren oder Flußmündungen. Sie sind noch spärlich besiedelt; die größten, mit Ausnahme von Paris, zählen am Ende des 12. Jahrhunderts selten mehr als 20 000 Einwohner. Paris ist zu dieser Zeit mit 200 000 Einwohnern die größte Stadt der Welt.

Eine Mischung von Arm und Reich
In den Städten herrschen große Unterschiede zwischen Meistern, Handwerkern, Händlern und ihren Arbeitern. Es gibt bereits heftige Kämpfe um höhere Löhne. Wer weder Arbeit noch Heim hat und „ohne Treu und Glauben" ist, gehört zur großen Masse der Bettler.

Händler und Handwerker

Die Händler und Handwerker gruppieren sich berufsweise; es gibt eine Straße der Fischhändler, der Töpfer, der Metzger usw. In den Werkstätten arbeiten die Gesellen unter ihrem Meister. Die Lehrlinge werden später ebenfalls Gesellen. Um Meister zu werden, muß der Geselle eine schwierige Arbeit, ein *Meisterwerk*, vollbringen. Die Meister werden immer reicher, und langsam bildet sich eine neue Klasse: das städtische Bürgertum.

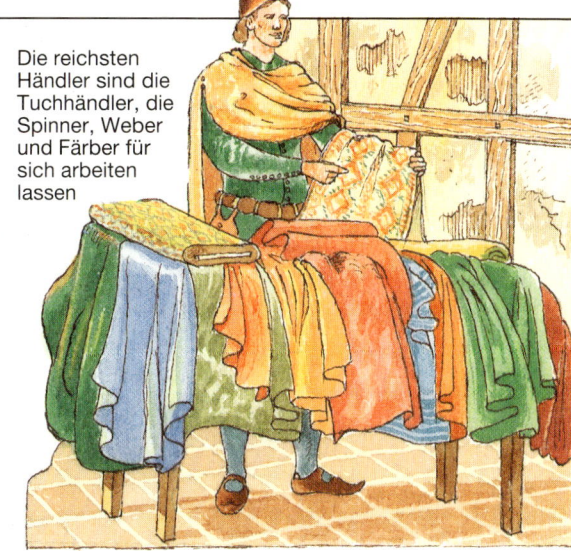

Die reichsten Händler sind die Tuchhändler, die Spinner, Weber und Färber für sich arbeiten lassen

Feste und Feierlichkeiten

Die Städte sind Orte der Feiern und Festivitäten. Wenn man den Schutzpatron einer Zunft feiert, z. B. Krispin für die Schuster oder Eligius für die Goldschmiede, werden die Straßen mit Seiden und Tapeten bunt behangen. Man unterhält sich mit Possen und Spielen; Jongleure und Akrobaten führen ihre Kunststucke vor.

Städte und Märkte

Der Handel zwischen Stadt und Land intensiviert sich

Am Beginn des 12. Jahrhunderts ermöglicht der technische Fortschritt eine Verbesserung des Lebensstandards und ein Wiederaufblühen der Dörfer. Die reichgewordenen Landbesitzer suchen Qualitätsprodukte: schöne Waffen, kostbare Stoffe, Wertobjekte. In den Städten, wo die Bevölkerung wächst, erlangt das Handwerk große Bedeutung. Märkte für den Austausch von Agrargütern und Handwerkserzeugnissen entstehen.

Messen sind große Märkte

Im 12. Jahrhundert erleichtert der Ausbau des Verkehrsnetzes den Handel in Europa. In vielen Städten werden *Messen* abgehalten. Das sind große Märkte, wo Händler aus vielen Ländern Seide, Pelze, Getreide, Tücher, Gewürze aus dem Orient, Waffen und vieles mehr verkaufen. Die älteste und lange Zeit bedeutendste internationale Messe war die in Leipzig (seit 1165). Als die überhaupt älteste gilt die von St. Denis bei Paris (seit etwa 629). Andere wichtige alte Messeorte waren Frankfurt/M., Brügge, Gent, Lyon, Padua und Antwerpen.

Der Handel der großen Städte

Eine Messestadt wie Brügge importiert für ihre Märkte:

Vom Königreich England: Wolle, Gold, Zinn, Steinkohle, Käse;

Vom Königreich Dänemark: Pferde, Leder, Schmalz, Pottasche, Heringe, Speck;

Vom Königreich Rußland: Wachs, Feh und Grauwerk (Pelz eines bestimmten Eichhörnchens);

Vom Königreich Kastilien: Koschenille[*], Wachs, Leder aus Cordoba, Wolle, Quecksilber, Talg, Weine, Kümmel, Anis, Eisen;

Aus den Königreichen Jerusalem, Ägypten und Sudan: Pfeffer und alle Gewürze.

[*] getrocknetes Läusepulver als Farbstoff

Die Tages- oder Wochenmärkte für Lebensmittel und Haushaltswaren wie Töpfereien sind die Keimzellen, aus denen später die großen „Messen" werden

Handel von Flandern bis Italien

Im 13. Jahrhundert gibt es in Europa zwei große Wirtschafts- und Industriezentren: Im Norden Flandern mit seinen großen Städten Ypern, Lille, Gent und Douai, die wegen der großen Bedeutung des Tuchhandels „Leinenstädte" genannt werden; im Süden die norditalienische Lombardei, die regen Handel mit Konstantinopel und dem Orient pflegt.

Warum die „Messe" Messe heißt

Seit dem frühen Mittelalter, vor allem aber seit dem 11./12.Jh., wurden anläßlich kirchlicher Feiertage an wichtigen Verkehrsknotenpunkten nach der kirchlichen Messe Märkte abgehalten; deswegen ging später die Bezeichnung „Messe" auch auf sie über. Durch das Ausstellen sog. Meßwechsel bei diesen Handelsveranstaltungen wurden die Messeorte auch Zentren des Geld- und Kreditwesens. Genua und Venedig wurden Handels-Vermittler von Europa zu den „Levante"-Ländern im Nahen Osten. Weitere wichtige Messestädte im deutschen Sprachraum wurden z.B. Straßburg, Worms, Linz und Bozen. (Bis heute haben die Messen große Bedeutung. Die großen deutschen Messestädte sind außer Leipzig Hannover, Frankfurt, Düsseldorf, Köln und München.)

1. Goldenes Lamm
2. Goldener Gulden
3. Venezianische Dukaten

① ② ③

Das Geld

Um den Handel zu erleichtern, wird Geld, das fast schon verschwunden war, wieder notwendig. Eine Vielzahl verschiedener Münzen, deren Wert vom Edelmetallgehalt abhängt, zirkulieren. Banken und Geldwechsler spielen eine große Rolle. Sie bereichern sich, indem sie Geld gegen Zinsen verborgen. Um den Umlauf großer Geldmengen zu verhindern, erfinden die Banker neue Zahlungsmittel wie den *Wechsel*, eine Art Scheck.

Die Universitäten entstehen

Die Klosterschulen

Bis zum Ende des 11. Jahrhunderts gibt es kaum ein Schulwesen, höchstens die Priesterschulen von Klöstern oder Kirchen („Domschulen"). Ein *Scholarch* unterrichtet dort aber meist nur einfaches Grundwissen. Ab dem 12. Jahrhundert, mit dem Aufblühen der Städte, entstehen nach und nach überall neue Schulen, die jedoch noch lange den Geistlichen vorbehalten bleiben. Weder Ritter noch Bauern können lesen oder schreiben.

Die Universitäten

Zu Beginn des 13. Jahrhunderts setzen Studenten und Lehrer ihre Autonomie durch. Wie andere Berufsgruppen zu dieser Zeit schließen sie sich zu Zünften zusammen: den *Universitäten*. Sie organisieren ihren Unterricht und ihre Verwaltung und trachten, der Vormundschaft der Bischöfe zu entkommen. Auf den Universitäten wird Theologie, die Königin der Wissenschaften gelehrt, aber auch Jura, Medizin und Mathematik.

Berühmte Professoren
Manche Professoren erlangen großes Ansehen. Aus ganz Europa kommen Leute, um ihnen zuzuhören. So sind Peter Abälard und Thomas von Aquin zwei hervorragende Philosophen und Theologen.

Die Sorbonne
In Paris, im „Quartier Latin", gründet Robert de Sorbon 1253 eine Hochschule, die bis zum Ende des 13. Jahrhunderts 10 000 Studenten zählt. Dies ist die spätere Sorbonne.

Abälard

Thomas von Aquin

Was muß man lernen?

Die Studienzeit dauert lange. In den ersten sieben Jahren belegen die Studenten Kurse der Fakultät für Kunst, die der heutigen Gymnasialausbildung entsprechen. Danach spezialisieren sie sich. Manche Universitäten genießen einen besonderen Ruf, z. B. Paris für Theologie, Bologna für Jura oder Montpellier für Medizin. Die Qualität der Lehrer bestimmt oft die Wahl der Schule und damit auch die Studienrichtung.

Wissen eröffnet neue Berufe

Ursprünglich wollen die Studenten in den Dienst der Kirche treten. Mit der Zeit werden immer mehr von ihnen Rechtsgelehrte oder Mediziner. Gemeinsam mit den Kaufleuten bilden sie das dynamische Element des städtischen Bürgertums.

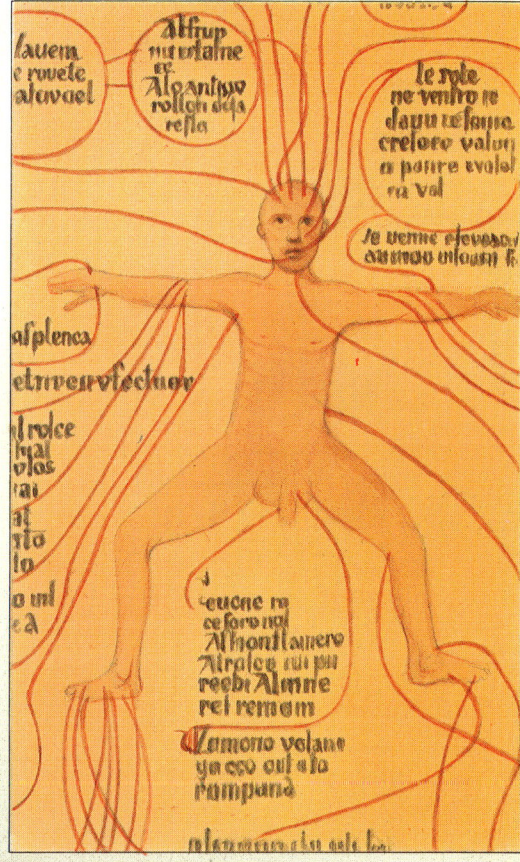

Seite einer medizinischen Abhandlung

Die Gründungsjahre europäischer Universitäten bis ca. 1500 (u.a.)

Aix/Marseille (1409)	Mainz (1477)
Aberdeen (1494)	Modena (1180)
Barcelona (1450)	Montpellier (1289)
Basel (1460)	München (1472)
Besançon (1422)	Neapel (1224)
Bologna (um 1200)	Orleans (1309)
Bordeaux (1441)	Oxford (um 1200)
Cambridge (1229)	Padua (1222)
Coimbra (1290)	Pavia (1361)
Caen (1431)	Rostock (1419)
Erfurt (1392)	Salerno (1050)
Freiburg i.Br. (1457)	Paris (1253)
Grenoble (1339)	Parma (1065)
Heidelberg (1386)	Pisa (1343)
Köln (1388)	Prag (1358)
Kopenhagen (1479)	Salamanca (1243)
Krakau (1364)	Siena (1247)
Istanbul (1453)	Toulouse (1229)
Lissabon (1290)	Tübingen (1477)
Leipzig (1409)	Turin (1405)
Macerata (1290)	Wien (1365)

Die Macht der Kirche

Ganz Europa ist christlich

Im Mittelalter ist der Glaube stark und die Angst vor dem Teufel groß. Die Kirche spielt eine große Rolle im täglichen Leben der Menschen und bei den großen Ereignissen im Leben: Taufe, Heirat, Begräbnis. Sie hilft Armen und Kranken. Das Oberhaupt der katholischen Kirche, der Papst, hat seinen Sitz in Rom. Viele Christen gehen auf Pilgerfahrten, z. B. zum Grab des hl. Jakob in nach Santiago de Compostela (Spanien) und zu dem Heiligen Grab in Jerusalem (Orient).

Der Kirchenbau steht in hoher Blüte

ROMANIK
10.-12. Jh

1. Notre-Dame-la-Grand, Poitiers (12. Jh.)
2. Basilika San Zeno, Verona (12. Jh.)

①

②

GOTIK

3. Kathedrale Notre-Dame, Reims (13. Jh.)
4. Kölner Dom (Baubeginn 1248)
5. Mailänder Dom (Baubeginn 1386)

③

Neue religiöse Orden

Am Ende des 10. Jahrhunderts zählt z. B. der Kloster-Orden von Cluny 1500 Abteien und mehr als 10 000 Mönche. Diese haben zwar keinen persönlichen Besitz, leben aber dank der Spenden des Adels luxuriös. Der hl. Bernhard verurteilt ihren Reichtum und predigt den Grundsatz der absoluten Armut. Um 1112 gründet er deshalb den Zisterzienserorden, der am Ende des 12. Jahrhunderts um die 400 Abteien umfaßt. Die Franziskaner, vom hl. Franz von Assisi gegründet, und die Dominikaner, vom hl. Dominik gegründet, sind sog. Bettelorden.

Die romanischen Kirchen

Ab dem 10. Jahrhundert beherrscht die Romanik eineinhalb Jahrhunderte lang den abendländischen Baustil. Ihre Vorbilder sind die romanische, byzantinische und islamische Architektur.

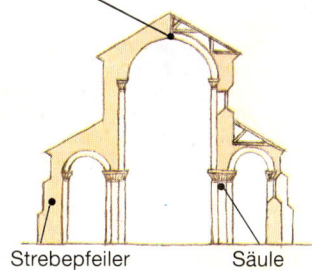

Schlußstein

Die Charakteristika der Romanik sind Tonnengewölbe aus Stein, Gratgewölbe und Kuppeln als Bedachung

Strebepfeiler   Säule

Die Kühnheit der Gotik

Der gotische Stil, nach der Kunst der Goten, entsteht im 12. Jahrhundert. Die charakteristische „himmelstürmende" Architektur der Gotik bringt in ganz Europa großartige Kathedralen und Dome hervor.

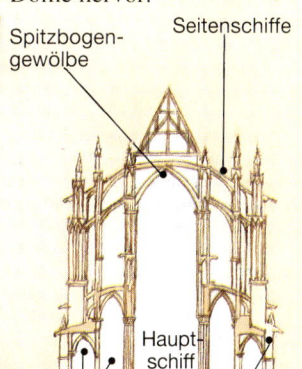

Spitzbogengewölbe

Seitenschiffe

Die Hauptneuerung ist die Verwendung des Spitzbogens. Die unterbrochenen Bögen verteilen den Druck nach unten, so daß die Gebäude höher werden können. Die Strebepfeiler erlauben es, hohe Fenster zur besseren Beleuchtung einzubauen

Hauptschiff

Strebebogen   Strebepfeiler

④

⑤

73

Die Kreuzzüge

Pilgerzüge ins Heilige Land

Eine Pilgerfahrt gilt für alle Gläubigen als Akt der Reue und des Glaubens zur Erlangung des ewigen Lebens. Im 11. Jahrhundert setzen sich Ritter, Bürger und Bauern den Gefahren einer Reise über große Entfernungen und auf den von Räubern und Wegelagerern unsicher gemachten Straßen aus, um an heiligen Orten beten zu können, und Reliquien, das sind Überreste von Heiligen, zu sehen und zu berühren. Jerusalem, die Heilige Stadt im Heiligen Land, ist das bedeutendste Pilgerziel.

Die Begeisterung des ersten Kreuzzugs

1095 ruft Papst Urban II. zum ersten Kreuzzug auf, wobei er das ewige Heil jenen verspricht, die das Grab Christi befreien. Der Mönch Peter von Amiens führt einen „Kreuzzug der Armen", der ohne Vorbereitungen aufbricht. Er wird 1096 von den Türken vernichtet. 1099 brechen die besser ausgerüsteten Ritterheere auf und erobern Jerusalem von den Türken zurück.

Jerusalem in den Händen der Türken

Im 11. Jahrhundert befürchtet man, wegen der Eroberungen der Türken im Orient das Heilige Land nicht mehr betreten zu können. 1078 wird Jerusalem erobert. Am Ende des 11. Jahrhunderts werden statt Pilgerfahrten Kreuzzüge gegen die Ungläubigen unternommen.

Gemeinsam gegen die Ungläubigen

Seit ihren Eroberungen hat der Kampf gegen die heidnischen Muselmanen im Westen nicht aufgehört. Ab dem 11. Jahrhundert verbünden sich die europäischen Könige, um den Islam im Westen zu bekämpfen. So erobern die Herrscher Spaniens den größten Teil ihres Gebietes zurück und drängen die Muselmanen nach Süden.

Ludwig der Heilige stirbt in Tunis

Zwei Jahrhunderte lang folgt ein Kreuzzug dem anderen, und Tausende brechen nach Palästina auf. Acht Kreuzzüge finden statt. Während des dritten kommt Friedrich Barbarossa um (1190, er ertrinkt) und während des achten 1270 König Ludwig IX. von Frankreich.

Kaiser Barbarossa und König Ludwig finden auf Kreuzzügen den Tod

Die Kreuzzüge:
1. (1095-1099)
3. (1189-1192)
4. (1202-1204)
8. (1270)

Saladins Triumph

Sultan Saladin ist ein gefürchteter Feind der Christen. Aber er gewinnt die Bewunderung seiner Gegner, die ihm große Fähigkeiten zubilligen, durch sein ritterliches Verhalten. 1187 nimmt er den Christen Jerusalem weg.

Das Königreich Frankreich entsteht

10. Jahrhundert: Hugo Capet

Nach dem Tod des letzten karolingischen Königs wählen die Fürsten von Westfranken und die Bischöfe 987 einen Gutsherrn der Ile-de-France als Nachfolger: Hugo Capet, den Erben einer durch ihren Kampf gegen die Normannen berühmten Familie. Seine Nachkommen regieren Frankreich ununterbrochen bis zur Revolution.

Beschränkte Macht

Hugo Capet ist weit davon entfernt, der mächtigste Grundherr des Königreichs zu sein. Seine Ländereien sind sehr klein und umfassen nur einen Teil der Ile-de-France. Die Grafen und Herzöge, die ihn gewählt haben, gehorchen ihm nicht. Eines Tages weigert sich der Graf von Périgord, einen seiner Befehle auszuführen. Hugo Capet fragt ihn: „Wer hat dich zum Grafen gemacht?" „Und du", antwortet ihm frech der Graf, „wer hat dich zum König gemacht?"

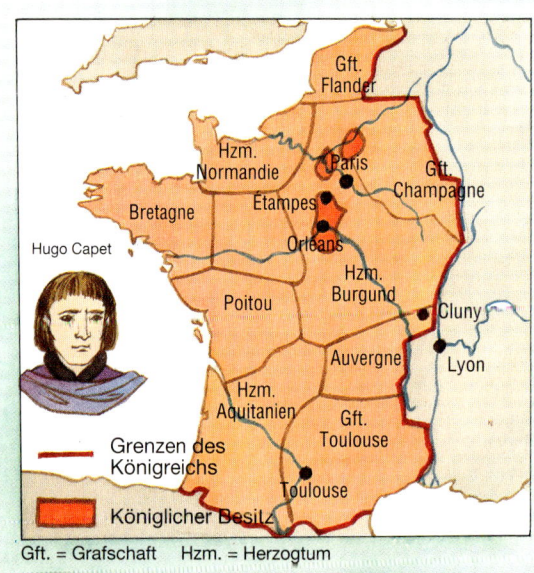

Gft. = Grafschaft Hzm. = Herzogtum

Ende des 12. Jh.: Philipp II. August zwingt die Gutsherren in die Knie

Philipp II. August profitiert von den Streitkeiten zwischen Heinrich II., König von England und mächtigster Vasall Philipps, und sen Söhnen Richard Löwenherz und Johann ohne Land. 1204 bemächtigt er sich deren Lehen Normandie, Maine und Anjou. Johann ohne Land bildet nun mit dem deutschen Kaiser, dem Grafen von Flandern und dem Grafen von Boulogne eine Koalition gegen den König von Frankreich. 1214 siegt Philipp II. August bei der Schlacht von Bouvines. Frankreich vergrößert sich, und die Herrschaft des Königs setzt sich durch

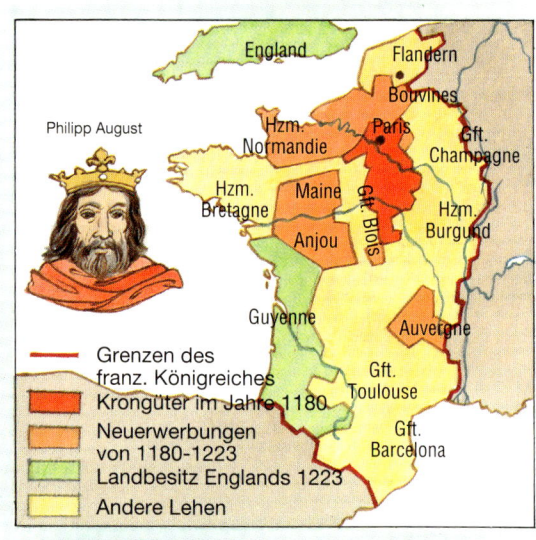

Unter Philipp II. August wird Paris die Hauptstadt des Königreichs

Gft. = Grafschaft
Hzm. = Herzogtum

Als guter Christ nimmt sich
Ludwig IX. der Armen an

Philipp II. August umgibt
Paris mit Mauern und läßt
den Louvre bauen, den im
14. Jh. Karl V. zu einer
Burg umbaut

13. Jh.: Ludwig IX.

Ludwig IX. spricht oft selbst Recht.
Er richtet in Paris ein Gericht ein, das
„Parlament", vor das alle kommen
können, die mit einem Urteil der Lehens-
herren unzufrieden sind. Er läßt Kran-
kenhäuser bauen. Die Religion nimmt in
seinem Leben einen wichtigen Platz ein.
Er fördert die Gründung von Klöstern
und läßt die bis heute berühmte Sainte-
Chapelle in Paris errichten. Nach seinem
Tod wird er heiliggesprochen.

Ende des 13. Jh.: Philipp der Schöne

Der Enkel Ludwigs herrscht mit großer
Entschlossenheit. Um das Königreich
besser regieren zu können, erhebt er
zahlreiche Steuern. Er konfisziert das
Vermögen der Juden und bemächtigt sich
des Reichtums des Templerordens, die er
der Verschwörung beschuldigt. Er verurteilt die Templer dazu, bei lebendigem
Leibe verbrannt zu werden.

77

Die europäischen Staaten formieren sich

England
Nach seinem Sieg 1066 bei der Schlacht von Hastings wird Wilhelm der Eroberer, Herzog der Normandie und Vasall des Königs von Frankreich, König von England. Seine Erben vergrößern das englische Königreich um die französischen Gebiete Maine, Anjou und Aquitanien.
1215 erzwingen die englischen Barone, die die königliche Macht einschränken wollen, die *Magna Charta*. Sie verpflichtet den Herrscher, einen Rat um sich zu sammeln, der 1229 den Namen *Parlament* erhält. Ende des 13. Jh. ist das parlamentarische England eine starke und moderne Macht.

Der Wandteppich von Bayeux zeigt in 58 Bildern die Eroberung Englands durch die Normannen

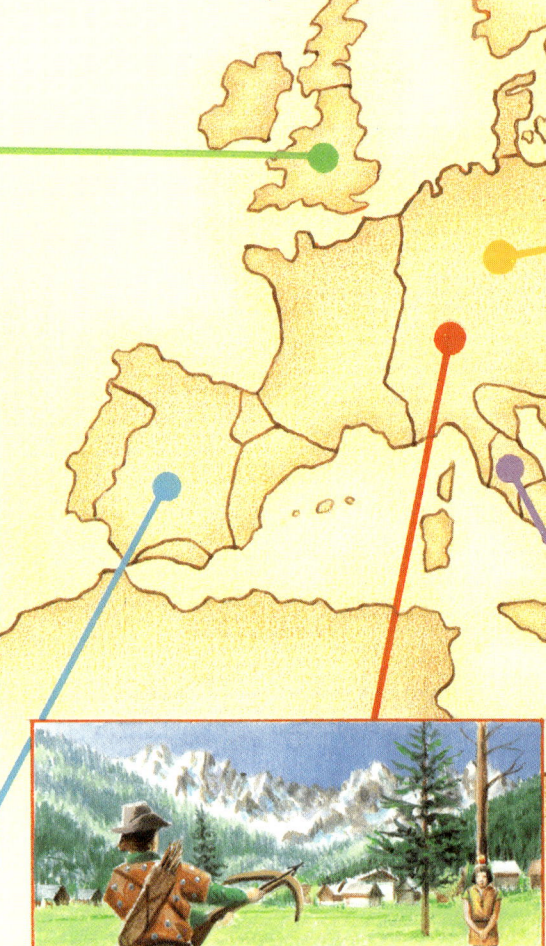

Wilhelm Tell, der legendäre Held der schweizerischen Unabhängigkeit, muß einen Apfel vom Kopf seines Sohnes schießen

Spanisch-maurische Schale, die den Einfluß der muselmanischen Kunst in Spanien zeigt

Die Wiedereroberung Spaniens
Nach 200 Jahren ununterbrochener Kämpfe drängen die christlichen spanischen Könige die Muselmanen mit Hilfe französischer Herrscher aus Südspanien und befreien damit den größten Teil des Landes. Ende des 8. Jh. teilen sich vier christliche Königreiche die Halbinsel: Portugal, Navarra, Kastilien und Aragon.

Die freien Kantone der Schweiz
Als die Macht der deutschen Könige nachläßt, beginnen die Kantone in den Bergen den Kampf um ihre Unabhängigkeit. 1291 schließen die drei Kantone Uri, Schwyz und Unterwalden den Ewigen Bund gegen die Habsburger, die ihnen ihre Herrschaft aufzwingen wollen. Sie siegen 1315: Das ist der Beginn der Schweizer Eidgenossenschaft.

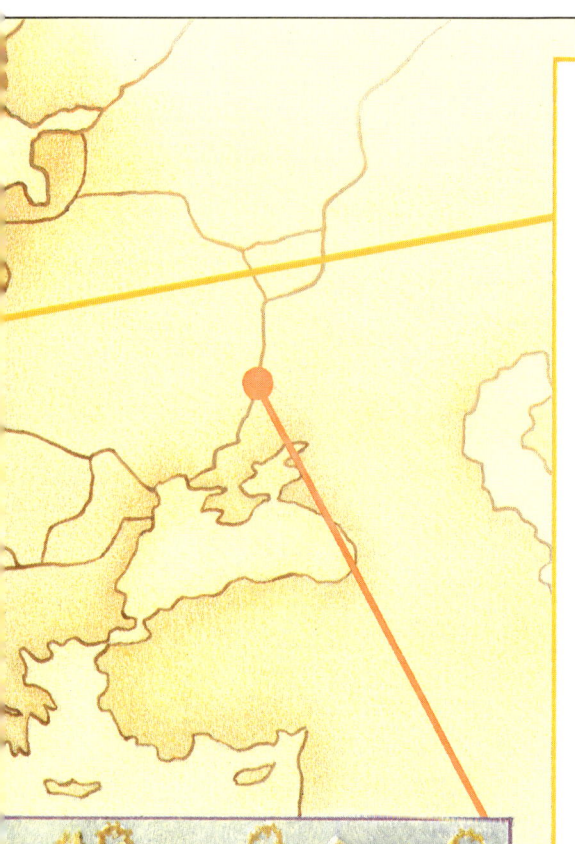

Friedrich I. Barbarossa

**Das Heilige Römische
Reich Deutscher Nation**

Das deutsche Reich entstand 843 bei der
Teilung des Reiches Karls des Großen im
Vertrag von Verdun. Unter den Karolingern
erheben sich die Herren der Herzogtümer
oft. 936 stellt ein sächsischer Fürst, Otto I.
der Große, die kaiserliche Herrschaft
wieder her und wird 962 vom Papst zum
Kaiser gekrönt. Das Königreich, das
Deutschland, Österreich und einen Teil
Italiens umfaßt, erhält den Namen Heiliges
Römisches Reich Deutscher Nation. Große
Kaiser, wie Friedrich I. Barbarossa, Heinrich
VI. und Friedrich II. festigen seine Macht.

Ikone aus
dem 12.Jh.

Papst
Alexander III.

Der Kirchenstaat
Er wird 756 gegründet, als Pippin der
Kurze, König von Frankreich, der Kirche
ehemalige byzantinische Gebiete schenkt,
die unter den Langobarden erobert
wurden. Andere Schenkungen im 8. und
9. Jh. vergrößern den Kirchenstaat. Der
Papst besitzt nun nicht nur geistliche,
sondern als Herrscher des Kirchenstaates
auch weltliche Macht.

Die Entstehung der Staaten in Osteuropa
Ungarische und slawische Nomadenvölker,
die aus dem Osten Europas kommen,
versuchen am Anfang des 9. Jh. die reichen
Ländereien des Westens zu erreichen.
955 besiegt sie Otto I. der Große in der
Schlacht auf dem Lechfeld. Die Ungarn
und Slawen siedeln sich nun in den
Gebieten im Osten des Heiligen Römischen
Reiches Deutscher Nation an und bilden
Staaten (Königreich Ungarn, Böhmen,
Polen, Kroatien, Serbien...). Im 13. Jh.
erobern die Mongolen die Herrschaft
auf den weiten Ebenen Rußlands.

Der Hundertjährige Krieg

1328 gibt es zwei Anwärter auf die französische Krone: Eduard III., 17jähriger Enkel Philipps des Schönen und König von England, und Philipp VI. von Valois, der Neffe Philipps des Schönen. Die Großen des Reiches wählen Philipp VI., weil er älter, aber vor allem, weil er Franzose ist. 1337 konfisziert Philipp VI. das Herzogtum Guyenne, das Lehen des englischen Königs. Dieser schlägt zurück, indem er sich zum König von Frankreich ernennt. Das ist der Beginn des Hundertjährigen Krieges.

Der Krieg
1346 wird die französische Reiterei bei Crécy von den englischen Bogenschützen geschlagen, und 1347 nehmen die Engländer Calais ein. 1356 wird das französische Heer bei Poitiers erneut besiegt, und König Johann der Gute wird gefangengenommen. Für seine Freilassung muß Frankreich ein hohes Lösegeld zahlen. Im Vertrag von Brétigny 1360 überläßt Frankreich dem König von England ein Drittel des Königreichs.

Aufstände und Epidemien
Oft erheben sich die Bauern, die *Jacques*, gegen ihre Herren, die sie übermäßig mit Steuern belasten und unfähig sind, sie zu beschützen. Diese *Jacquerien* sind meistens sehr gewalttätig. Auch die Standesherren bekämpfen sich untereinander. Zu den Bürgerkriegen kommen noch Hungersnöte und Epidemien, an denen die Jahre der Mißernten schuld sind. 1348 erkrankt ein Drittel der Bevölkerung Europas an der Schwarzen Pest. Europa verliert 25 Millionen Einwohner!

Karl V. und Guesclin

Karl V. wird 1364 Nachfolger von Johann dem Guten. In der Einsicht, daß es besser ist, große Schlachten zu vermeiden, führt er gegen den Feind einen Krieg mit Geplänkel und Hinterhalten. An die Spitze des Heeres stellt er Du Guesclin, der das Land von plündernden Soldaten befreit, das Heer neu organisiert und die verlorenen Gebiete Stück für Stück wiedererobert.

Den Engländern ausgeliefert

1415 erleidet die französische Reiterei bei Azincourt erneut eine Niederlage. Nach dem Vertrag von Troyes 1420 ist ganz Frankreich in englischer Hand. Die plündernden Soldaten überfallen die Reisenden; überall herrscht Not.

Jeanne d'Arc

Jeanne (auch Johanna oder Jungfrau von Orleans genannt), ein einfaches lothringisches Bauernmädchen, behauptet, vom Himmel Stimmen zu hören, die ihr befehlen, die Engländer zu vertreiben. Sie überzeugt König Karl VII. von ihrem Auftrag. 1429 befreit sie an der Spitze eines kleinen Heeres Orleans aus den Händen der Engländer und veranlaßt die Krönung des Königs in Reims. Später wird sie gefangengenommen und 1431 in Rouen auf dem Scheiterhaufen verbrannt.

Ludwig XI.

Nach dem Tod Jeanne d'Arcs dauert der Krieg noch 20 Jahre. 1453 besitzen die Engländer in Frankreich nur noch Calais. Ludwig XI., seit 1461 Nachfolger Karls V., stellt Frankreichs Einheit wieder her. Er organisiert das Land neu und festigt seine Macht, nachdem er den mächtigsten Standesherrn, Karl den Kühnen, Herzog von Burgund, besiegt hat.

Die Blütezeit Italiens

Der Hafen von Genua

Genua und Venedig
Dank ihrer äußerst günstigen geographischen Lage und des Unternehmungsgeistes ihrer Bewohner machen die beiden Hafenstädte Genua und Venedig im 13. und 14. Jahrhundert eine gewaltige Entwicklung durch. Schon zur Zeit der Kreuzzüge sorgen genuesische Schiffe für den Transport und die Verpflegung der christlichen Armee. Aber der Hauptgrund ihres Reichtums ist der Handel der beiden Städte mit dem Orient (Seidenstoffe, Gewürze, etc.).

Venedig ist der größte Finanzmarkt Europas. Es hat seine eigenen Goldmünzen: den venezianischen Dukaten.

Venezianische Kaufleute

Die Künstler stehen im Dienst der Fürsten
Während des „Quattrocento" (15. Jh. in Italien), leben die reichen Bürger an der Spitze der großen italienischen Städte, in großartigen Palästen und umgeben sich mit aufwendigem Hofstaat.
Sie fördern eine neue Blüte der Kunst, indem sie Künstler beauftragen, ihre Häuser auszuschmücken. In Florenz sind die Medici die führenden Mäzene. Die Kunst erfährt eine Wandlung. Sie ist nun weniger von der Religion bestimmt. Die berühmtesten Bildhauer und Maler dieser Zeit sind Brunelleschi, Donatello, Alberti und Botticelli.

Florentinische Goldmünze, der Gulden

Mächtige Kaufleute

In den Städten, die mit dem Orient und den Städten Westeuropas Handel treiben, bildet sich eine reiche Klasse von Reedern und Kaufleuten. Einige Familien häufen riesige Vermögen an und gründen Bank- und Handelsgesellschaften. Die sehr mächtig gewordenen, wie die Medici in Florenz übernehmen die Regierung der Städte.

Florenz und Mailand

Florenz ist ein wichtiges Handelszentrum, in dem vor allem die Wollindustrie floriert. Da die Florentiner keinen Zugang zum Meer haben, erobern bzw. kaufen sie die beiden Mittelmeerhäfen Pisa und Livorno. Die Entwicklung des Herzogtums Mailand ist eng mit den Namen der beiden Familien Visconti und Forza verbunden, die nacheinander die Stadt regieren. Das Streben Mailands nach der italienischen Einheit scheitert an den Plänen von Florenz und Venedig.

Um 1300 zählt Florenz, die Stadt der Blumen, schon 100 000 Einwohner

Die Entdeckungen

Die ersten Entdeckungsreisen:
Marco Polo

Seit dem 13. Jh. lassen sich italienische Kaufleute, angelockt von den Reichtümern des Orients und ermutigt von den Berichten Reisender, besonders der Pilger, auf Seefahrerabenteuer ein. 1271 erreicht einer von ihnen, der Venezianer Marco Polo, den Fernen Osten. Er reist viele Jahre lang durch China und Persien. Bei seiner Rückkehr 1296 veröffentlicht er die Berichte über seine Abenteuer im *Buch der Wunder der Welt*. Dieses Werk wird ein großer Erfolg. Es ist für lange Zeit das einzige Dokument über diese entfernten Länder.

Die italienischen Kaufleute bringen von ihren Reisen in den Orient Gewürze mit

Ein ungenaues Weltbild

Wie die Karten dieser Zeit zeigen, herrschen noch bis ins 15. Jh. viele ungenaue Vorstellungen über die Form der Erde und ihrer Kontinente, noch verstärkt durch die Berichte der Reisenden und Pilger. Im Osten, jenseits der muselmanischen Seite der Welt, stellt man sich Länder strotzend vor Gold und Gewürzen vor. Im Westen schreckt der Atlantik; es gibt Behauptungen, an gewissen Stellen koche das Meer und sei daher unüberwindlich.

84

Fortschritte in der Schiffahrt
Die Navigation wird einfacher.
Seit dem 13. Jh. sind die Schiffe
mit einem Steuerruder am Heck
ausgestattet. Die Seefahrer
verfügen über Kompaß und
Seekarten, die *Hafenbücher*,
die immer genauer werden.

Im 15. Jh. gibt es neue
Schiffe mit großen
Segeln, die Karavellen,
die auf hoher See weit
weg von den Küsten
segeln können

Das *Astrolab* (ein
Sternhöhenmesser)
hilft den Seefahrern auf
See zur Feststellung
der Position ihrer
Schiffe

Die Seefahrer sind
die ersten, die sich
bemühen, genaue
Karten zu zeichnen

Die portugiesischen Seefahrer
Die Portugiesen sind mutige Seeleute und
erkunden die Ozeane. Sie suchen einen
neuen Seeweg nach Indien. Von 1416 bis
1460 leitet Fürst Heinrich der Seefahrer
die planmäßige Erforschung der afrikanischen Küsten. 1487 erreicht Bartolomeo
Diaz das Kap im Süden Afrikas, das Kap
der Guten Hoffnung genannt wird. Zehn
Jahre später fährt Vasco da Gama am Kap
der Guten Hoffnung vorbei, überquert den
Indischen Ozean und erreicht die indische
Küste bei Kalkutta. Er hat die richtige
Route nach Indien entdeckt, nämlich
die kürzeste.

Vasco da Gama

Die Reiche Asiens

Das Osmanische Reich

Gegen Ende des 13. Jh. lassen sich Stämme türkischer Nomaden aus Zentralasien in Anatolien, der heutigen Türkei, nieder. Ihr Oberhaupt, Sultan Osman I., gibt dem Osmanischen Reich seinen Namen. Die Türken betreiben eine Eroberungspolitik quer durch das byzantinische Reich. Sie besitzen ausgezeichnete militärische Kenntnisse. Ihre Hauptstärke liegt in den Korps der *Janitscharen*, die aus christlichen, slawischen und griechischen Soldaten bestehen, die schon in der Kindheit angeworben werden und zum Islam übertreten. 1566 erstreckt sich das Osmanische Reich vom westlichen Mittelmeer bis zum Persischen Golf.

Die Eroberung Konstantinopels

1451 besteigt der Türke Mohammed II. den Thron und rüstet zum Angriff auf Konstantinopel. Im April 1453 belagert er die byzantinische Hauptstadt. Kaiser Konstantin XI. verteidigt sie tapfer, aber die Türken setzen sich durch. Am 29. Mai 1453 findet das entscheidende Gefecht statt; der Kaiser wird getötet, und Mohammed II. reitet zu Pferd in die Basilika Hagia Sophia. Mit der Eroberung Konstantinopels endet das Byzantinische Reich, und Konstantinopel wird die neue Hauptstadt des Osmanischen Reiches.

1453 zieht Sultan Mohammed II. in Konstantinopel ein

Asien in den Händen der Mongolen

1206 wählen die Führer der Stämme, die *Khanen*, Temudschin, unter dessen Herrschaft sie sich vereinigen, zu ihrem König. Er trägt fortan den Namen Dschingis Khan. Nach einigen Jahren herrscht er über alle Völker der Mongolei. Mit Hilfe einer furchterregenden Kavallerie von Bogenschützen unternimmt er viele folgenreiche Eroberungszüge. 1211 fallen die Mongolen in China und Zentralasien ein. Sie plündern, morden und verbreiten Angst und Schrecken. Bis zu seinem Tod 1227 hat Dschingis Khan ein riesiges Reich erobert.

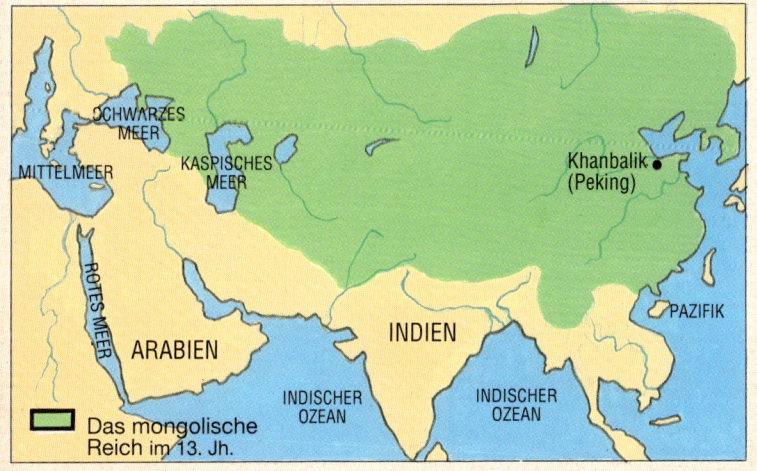

SCHWARZES MEER

MITTELMEER

KASPISCHES MEER

Khanbalik (Peking)

ROTES MEER

ARABIEN

INDIEN

PAZIFIK

INDISCHER OZEAN

INDISCHER OZEAN

Das mongolische Reich im 13. Jh.

Dschingis Khan bedeutet „Der oberste Führer"

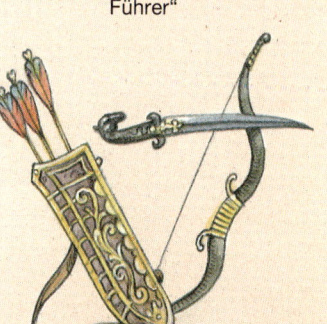

Mongolische Waffen

Die Mongolen leben in großen Zelten aus Filz

Rußland unter dem Tatarenjoch

1236 erobern mongolische Reiter die russischen Fürstentümer und lassen sich dort nieder. Die Russen nennen sie „Tataren", nach dem gefürchtetsten mongolischen Stamm. Die Besatzung dauert zwei Jahrhunderte. Das Land ist jetzt eine Provinz der „Goldenen Horde", wie das Mongolische Reich genannt wird. 1380 greift ein russischer Fürst, Demetrius Donskoi, die Tataren an und schlägt sie bei Kulikowo. Von dieser Schlacht aus wird der Beginn der russischen Nation gerechnet.

Die indoamerikanischen Kulturen

Der amerikanische Kontinent wurde viel später besiedelt als die übrige Welt. Völlig unabhängig haben sich dort blühende Hochkulturen entwickelt, die man später „indoamerikanisch" genannt hat.

Die Maya

Sie leben in Mittelamerika. Zwischen dem 4. und 12. Jh. erreicht ihre Kultur eine hohe Entwicklungsstufe. Sie leben in unabhängigen Städten, die jede von einem Häuptling geleitet wird, der die politische und religiöse Macht hat. Sie beten Götter an, die halb Mensch, halb Tier sind, und denen sie Tiere und selbst Menschen opfern. Ihre Tempel befinden sich auf der Spitze von Pyramiden. Sie sind Bauern, wissen, wie man Felder bewässert, und bauen hauptsächlich Mais an – wovon ihr Name Maya kommt. Sie besitzen eine Schrift, sind gute Mathematiker und ausgezeichnete Astronomen. Die Maya haben einen sehr genauen Kalender entwickelt.

Die Indianer Nordamerikas

Da sie glauben, in Indien gelandet zu sein, nennen die Europäer, die Amerika entdecken, die Bevölkerung, die sie dort antreffen, „Indianer". Diese Völker sind Nachkommen asiatischer Jäger, die als erste vor ungefähr 30 000 Jahren Amerika bevölkerten. Da sie vom Rest der Welt abgeschnitten ist, lebt die Bevölkerung Nordamerikas noch in der Jungsteinzeit, sammelt Früchte, fischt und jagt, besonders Bisons. Die Europäer geben ihnen wegen der Farbe der Kriegsbemalungen ihrer Gesichter auch den Namen „Rothäute".

Die Azteken

Die Azteken kommen aus Nordamerika, siedeln sich im 11. Jh. im heutigen Mexiko an und beherrschen bald die anderen Völker Mittelamerikas. An der Spitze des Volkes steht ein Kaiser mit einem militärischen Adel. Sie sind ein kriegerisches Volk und opfern ihre Gefangenen, um von den Göttern zu erreichen, daß die Sonne weiterhin aufgeht. Die Azteken beten sehr viele Götter an, von denen der berühmteste *Quetzalcoatl* ist. Ihre Hauptstadt *Tenochtitlan* in fast 2000 Metern Höhe ist mit ihren hängenden Gärten und außergewöhnlichen Opferpyramiden eine der größten Städte der Welt.

Das Inkareich

Im 15. Jh. erstreckt sich dieses südamerikanische Reich mit mehr als 900 000 km² über die Hochebenen von Peru. Es zählt 12 Millionen Einwohner, die auf 90 Stämme verteilt sind. Geführt wird es vom „Inka", dem Sohn der Sonne, einem Herrscher, der wie ein lebendiger Gott verehrt wird. Die Inkas besitzen ein Straßennetz von über 16 000 km, auf dem Kuriere die Befehle des Kaisers überbringen. Allen wird eine gemeinsame Sprache, *Ketschua*, und der Kult des Sonnengottes aufgezwungen. Die Kultur der Inkas ist prächtig; die Paläste und Tempel sind gewaltig. Die Künstler fertigen Schmuck aus Gold, feine Stoffe und Keramik an, die sie, da es kein Geld gibt, gegen Nahrung tauschen. Zum Rechnen verwenden sie eine Schnur mit Knoten.

Europa erobert die Welt

Die türkischen Eroberungszüge haben nach und nach den Weg nach Indien versperrt. Auf ihrer Suche nach neuen Seewegen zur Beschaffung von Gold und Gewürzen entdecken die Europäer einen neuen Kontinent: Amerika.

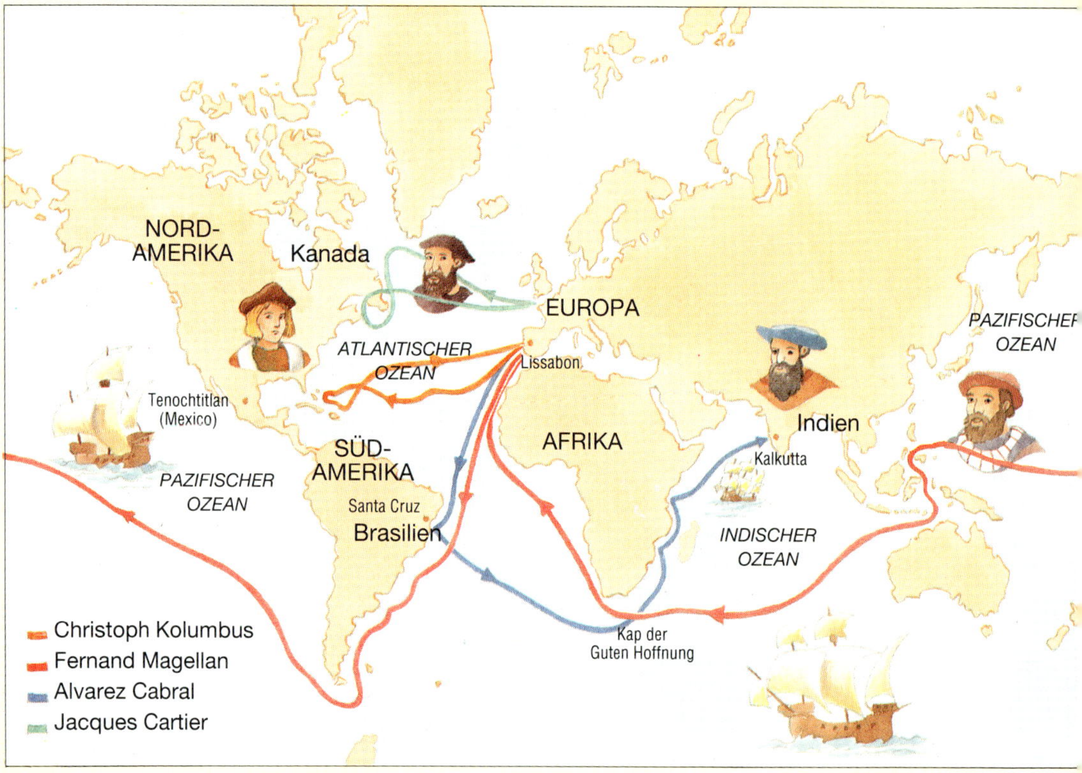

NORD-AMERIKA — Kanada — EUROPA — PAZIFISCHER OZEAN

ATLANTISCHER OZEAN — Lissabon

Tenochtitlan (Mexico)

PAZIFISCHER OZEAN — SÜD-AMERIKA — AFRIKA — Indien — Kalkutta

Santa Cruz — Brasilien — INDISCHER OZEAN

Kap der Guten Hoffnung

- ▬ Christoph Kolumbus
- ▬ Fernand Magellan
- ▬ Alvarez Cabral
- ▬ Jacques Cartier

Christoph Kolumbus

Christoph Kolumbus wird 1451 in Genua geboren. Schon mit 14 Jahren wird er mit der Seefahrt vertraut, indem er für Rechnung der Genueser Händler Handel treibt. Im Dienst des Königs von Spanien unternimmt er 1492 eine Expedition, um Asien vom Westen her zu erreichen. Am 12. Oktober landet er auf den Bahamas, einem Archipel vor der amerikanischen Küste, glaubt aber in Indien zu sein. Später unternimmt er weitere drei ähnliche Reisen, immer noch ohne zu wissen, daß er einen neuen Kontinent entdeckt hat.

Im 16. Jh. entdecken die Europäer die Indianer Amerikas

Amerigo Vespucci – Alvarez Cabral
1500 unternimmt der Florentiner
Amerigo Vespucci eine Expedition nach
Westen und entdeckt eine Küste, die er
Venezuela (kleines Venedig) tauft. Sein
Vorname (Amerigo) gibt dem entdeckten
Kontinent (Amerika) seinen Namen. Im
selben Jahr segelt der Portugiese Alvarez
Cabral nach Indien und erreicht die bra-
silianische Küste.

Die große Reise des Magellan
Der Portugiese Magellan nimmt die Idee
des Kolumbus, Indien über den Westen
zu erreichen, auf, umsegelt dieses Mal
aber den neu entdeckten Kontinent. Er
verläßt Sevilla am 10. August 1519 mit
fünf Schiffen und 265 Mann. Er fährt
um Südamerika herum und entdeckt im
Oktober 1520 den Pazifischen Ozean.
Die Expedition erreicht Indien im Januar
1521. Im April wird Magellan auf den
Philippinen von Eingeborenen getötet.
1522 kommt nur noch ein einziges Schiff
mit 18 Männern in Spanien an. Diese
Weltumsegelung liefert den Beweis
dafür, daß die Erde rund ist.

Jacques Cartier
1534 fährt der Franzose Jacques Cartier
in die Flußmündung des St. Lorenz-
Stroms und landet in Kanada, das er im
Namen des Königs
von Frankreich in
Besitz nimmt.

Die Konquistadoren
Die Hoffnung auf Ruhm und Reich-
tum verlockt Adelige ohne Vermö-
gen und spanische Abenteurer, die
Reiche der Azteken und Inkas zu
erkunden. Den Untergang dieser
Reiche begleiten Plünderungen,
Massenmorde und Zerstörungen.

Aztekische
Statuette

Cortez
Dieser spanische Adlige unterwirft 1521 das
Aztekenreich, das den Namen Neu-Spanien
bekommt. Den Feuerwaffen seiner 400 Mann
waren die Indianer nicht gewachsen.

Goldklumpen

Pizarro und Almagro
1532 vernichten diese beiden Abenteurer
das Inkareich. Die unterworfenen Gebiete
erhalten den Namen Neukastilien.

Die großen Kolonialreiche

Die Ausplünderung der Neuen Welt

Außer den Schätzen an Gold, Edelsteinen und religiösem Schmuck, die die Konquistadoren mitnehmen, liefert die Neue Welt dem Westen auch Bodenschätze. Die Goldminen Mexikos und die Silberminen Perus werden intensiv ausgebeutet. Enorme Mengen Edelmetalle werden nach Europa gebracht (1560 sind es 266 Tonnen Silber).

Die aufgedrängte Bekehrung

Die Bekehrung der Indianer zum Christentum ist das Werk geistlicher Missionare. Sie erfolgt zuerst noch sehr gewalttätig (Zerstörung der Statuen, Götter, Tempel, Handschriften), verändert sich aber zunehmend und läßt ab von solchen Gewalttaten. Einige Franziskaner gewinnen sogar die Zuneigung der Indianer.

Zwangsarbeit der Indianer

Um den Bedarf der aus Spanien kommenden Siedler nach Reichtum zu decken, werden die indianischen Arbeitskräfte grausam ausgebeutet. In den Minen führt die anstrengende und gefährliche Arbeit zu beträchtlicher Sterblichkeit, die sich noch weiter erhöht durch Bestrafung von Aufständen, schlechte Behandlung und Seuchen. Im Laufe eines Jahrhunderts verringert sich die indianische Bevölkerung von 100 auf 30 Millionen. Zur Behebung des Mangels an Arbeitskräften holen sich die Siedler Sklaven aus Afrika.
Das ist der Anfang des *Sklavenhandels*.

Die europäische Ansiedlung

Portugiesen und Spanier erstreben die
Anerkennung ihres Besitzes der neuent-
deckten Länder; sie teilen sich die Welt
auf. Sie gründen Handelsniederlassun-
gen – Handelshäfen – an den Küsten
Afrikas, Indiens, Chinas und Japans. In
Amerika lassen sie sich in Brasilien nie-
der, wo sie afrikanische Sklaven für sich
arbeiten lassen. Die Spanier bauen ein
dauerhaftes Reich auf amerikanischem
Boden auf. Zwei Vizekönige leiten die
Kolonialverwaltung in Mexiko und
Lima. Die Franzosen siedeln sich in
Quebec und die Engländer an der
Ostküste Nordamerikas an.

Die spanischen
Galeonen kehren mit
Gold beladen aus der
Neuen Welt zurück

Die Bereicherung Europas im 16. Jh.

Die sagenhaften Reichtümer, die aus
der Neuen Welt kommen, tragen viel
zur Entwicklung der europäischen Wirtschaft bei. Spanien erlebt sein goldenes
Zeitalter. Die nach Westen gelegenen
europäischen Häfen, wie Sevilla,
Lissabon, Amsterdam, London und
vor allem Antwerpen, werden sehr
schnell reich. Der *Kapitalismus* entsteht.
Doch während die Kaufleute und Bürger
reich werden, leiden die Bauern und
Arbeiter unter der Teuerung.

In dieser Zeit wird
der Luxus zur
Schau gestellt;
Schmuck und
Gewänder sind
prunkvoll

Das Gold und Silber aus
der Neuen Welt bereichert
viele Spanier

93

Fortschritte in Wissenschaft und Technik

Der Buchdruck

Bis zum 15. Jh. werden Bücher per Hand auf Pergament geschrieben und sind sehr teuer. Um 1450 erfindet der Deutsche Gutenberg ein Verfahren, mit dem Texte oder Stiche beliebig oft vervielfältigt werden können. Er führt den Gebrauch von Metallbuchstaben (Lettern) ein. Die Druckerpresse und der Buchdruck sind erfunden.

Bewegliche, erhaben gravierte Letter

Am Ende des 15. Jh. haben alle großen europäischen Städte ihre eigenen Druckereien. Die meisten (150) hat Venedig. Zur gleichen Zeit entwickelt sich die Herstellung von Papier. Nach und nach wird das gedruckte Buch für alle, die lesen können, erschwinglich.

Leonardo da Vinci

Gelehrte und Ingenieure

Im 15. und 16. Jh. breitet sich in ganz Europa eine starke geistige Strömung aus. Gelehrte stellen traditionelle Ideen und Überzeugungen in Frage.

Kopernikus wagt zu behaupten, daß die Erde nicht das Zentrum des Universums ist und um die Sonne kreist. Galilei, der den Himmel mit seinem neuen astronomischen Fernrohr beobachtet, bestätigt es. Die Kirche verurteilt ihn dafür.

Leonardo da Vinci, Maler, Bildhauer, Architekt, Ingenieur und Astronom, ist der Universalgelehrte schlechthin.

Die Kritik an der Tradition

Die intellektuelle Bewegung, die sich im 15. und 16. Jh. in Europa entwickelt, bricht mit der mittelalterlichen Tradition, die sich auf die religiöse Lehre stützt. Antike Texte, die den Idealen der Humanität verpflichtet sind und altes Wissen enthalten, das neu zu entdecken sich lohnt, werden wieder gelesen. Man lernt wieder klassisches Latein, Griechisch und Hebräisch, um die alten Schriften direkt lesen zu können, ohne die oft fehlerhaften Übersetzungen.

Der Mensch im Mittelpunkt des Universums Diese Zeichnung von Leonardo da Vinci zeigt die Mathematik als Grundlage der perfekten Proportionen des menschlichen Körpers.

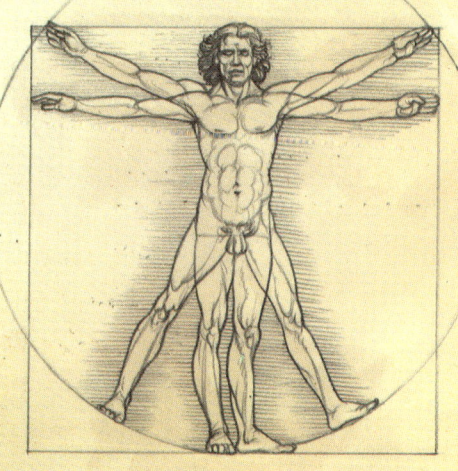

Gelehrte wie Pico della Mirandola, Macchiavelli und vor allem Erasmus von Rotterdam bemühen sich den Verstand zu fördern und der Verbreitung des Wissens zu dienen.

Erasmus von Rotterdam

Der Humanismus

Der Humanismus stellt den Menschen in den Mittelpunkt des Universums und hält ihn für fähig, die Geheimnisse der Natur zu verstehen. Diese Bewegung entsteht in Italien mit Dante, Petrarca und Boccaccio. Die berühmtesten deutschen Humanisten sind Ulrich von Hutten und Philipp Melanchthon. Der maßgebliche europäische Humanist ist der Holländer Erasmus von Rotterdam. Der humanistische Gedanke findet dank des Buchdrucks starke Verbreitung.

Die Renaissance

Im 15. Jh. setzt in Italien eine Erneuerung der Kunst ein, die sog. Renaissance, die mit einem bedeutenden wirtschaftlichen Aufschwung, eingeleitet durch die großen Entdeckungen, zusammenfällt. Diese Blüte erfaßt zunehmend auch die anderen europäischen Länder.

Prunkvolle Schlösser
Die Renaissance der Künste äußert sich vor allem in Architektur, Bildhauerei und Malerei. Die Könige und Fürsten ziehen weg von ihren Burgen und lassen sich prächtige, reich geschmückte Schlösser bauen. Die prächtigsten Beispiele dafür sind die Loireschlösser in Frankreich. Auch die Kirchen profitieren von dieser Erneuerung. In Rom lassen die Päpste Peterskirche und Vatikan mit der wunderbar ausgemalten Sixtinischen Kapelle bauen. Venedig, Florenz und Mailand erstrahlen im Glanz großartiger Meisterwerke.

Schloß Chambord, erbaut ab 1519 , ist das größte Schloß an der Loire.

Schloß Chenonceaux entsteht zwischen 1515 und 1580 am Fluß Cher.

Der Petersdom in Rom wird im 16. Jh. nach den Plänen Bramantes, Michelangelos und Madernos neu gebaut.

Die Villa Medici in Rom stammt aus der Mitte des 16. Jh.

Michelangelos Fresken an der
Decke der Sixtinischen Kapelle

Der größte deutsche Künstler
Albrecht Dürer war der Sohn eines
Goldschmieds und wurde der größte
deutsche Künstler. Er stammte aus
Nürnberg und lebte von 1471 bis 1528.
Er schuf Altäre, viele Zeichnungen,
Holzschnitte und Kupferstiche sowie
zahlreiche weltberühmte Gemälde, die
heute in den größten Kunstmuseen der
Welt hängen, vor allem in der Alten
Pinakothek in München, wo sich auch
sein berühmtestes Gemälde „Die Vier
Apostel" befindet.

Das goldene Zeitalter der Malerei
Im 15. und 16. Jh. verändert sich die
Malerei. Man malt nicht mehr nur auf
Wände, sondern auch auf Holz und
Leinwand. So kann man die Bilder jetzt
auch transportieren. Die Wasserfarben
werden durch Ölfarben ersetzt, was die
Bilder haltbarer und dauerhafter macht.
Die Perspektive wird entdeckt.
Jedes europäische Land hat großartige
Künstler: Raffael, Tizian, Tintoretto,
Veronese und Leonardo da Vinci in
Italien; El Greco in Spanien; van Eyck
und Brueghel in den Niederlanden;
Dürer in Deutschland.

Leonardo da Vinci
malt die Mona Lisa

Die Reformation

Der Handel mit Ablässen

Mißstände in der Kirche

Gegen Ende des Mittelalters fürchten sich die Menschen mehr vor dem Teufel und der Hölle als jemals zuvor. Gleichzeitig nehmen in der Kirche Verweltlichung und Oberflächlichkeit zu. Der Papst, die Bischöfe und Äbte leben wie vornehme Herren und denken mehr daran, sich zu bereichern, als die Botschaft Christi zu vermitteln. Wenn sie Geld brauchen, handeln sie mit sog. *Ablässen*, mit denen sich die Gläubigen von ihren Sünden loskaufen. Nur der „niedere Klerus" lebt arm. Viele Christen sehnen eine Reform der Kirche herbei.

Luther

1517 verurteilt der deutsche Mönch Martin Luther den von Papst Leo X. organisierten Verkauf von Ablässen. Da er sich weigert, seine Ideen aufzugeben, wird er exkommuniziert. Er schlägt nun eine erneuerte Form des Christentums vor, die die Bibel höher bewertet. Seine Übersetzung der Bibel ins Deutsche findet weite Verbreitung. Der Protestantismus entsteht. In Kirchen ohne jeglichen Schmuck hören die Protestanten von ihren Pastoren die heiligen Texte und versenken sich in sie.

Calvin

In Frankrcich nimmt der humanistische Priester Johann Calvin die Ideen Luthers auf und entwickelt sie weiter. Sein öffentliches Bekenntnis zu den Thesen Luthers zwingt ihn 1533 nach Genf zu flüchten. Trotz seines Exils kann die Obrigkeit das Entstehen einer protestantischen Kirche nicht verhindern, die stark vom *Calvinismus* beeinflußt wird.

Am 31. Oktober 1517 schlägt Luther am Tor der Kirche von Wittenberg seine 95 Thesen gegen die Ablässe an

Der sog. „Bildersturm":
die Protestanten entfernen jeglichen
Schmuck, alle Bilder und Kunstwerke,
aus ihren Kirchen

Die Kirchenspaltung

Nach einigen Jahren spaltet der
Erfolg Luthers und dann Calvins das
christliche Europa. Deutschland,
Holland, England und ganz Nordeuropa
werden teilweise oder ganz protestan-
tisch. Südeuropa bleibt katholisch.
Die Auseinandersetzungen zwischen
Katholiken und Protestanten nehmen
gewalttätige Ausmaße an: Die Massaker
und Verfolgungen häufen sich.

Die katholische Reform

1545 tritt eine Versammlung von Bischöfen,
ein *Konzil*, in Trient in Tirol zusammen.
Es dauert bis 1563 und regelt die Kirche
neu. Mißbräuche werden abgestellt, die
Disziplin wiederhergestellt. Die Priester
werden fortan gemeinsam in *Seminaren*
ausgebildet und müssen den Zölibat ein-
halten, d. h. ehelos leben. Zur Bekämpfung
des Protestantismus wird die Gesellschaft
Jesu gegründet. Diese „Jesuiten" sind
eine Art Armee des Papstes.

Die Religionskriege

Der Bauernkrieg in Deutschland

Das Volk bewundert Luther, der der Kirche die Stirn bietet und die Gleichheit der Christen vor Gott verkündet. Die Bauern sehen in der Reformation den Weg, sich von der Bevormundung durch die Gutsherren zu befreien. 1524 erheben sie sich. Sie verlangen u. a. die Aufhebung von Leibeigenschaft und Fronarbeit und die Abschaffung des Zehent. Dieser *Bauernaufstand* erreicht auch die Städte. Kirchen werden geplündert, Schlösser angezündet und Lehnsherren getötet. Luther predigt Mäßigung, aber keiner hört auf ihn. Erschreckt über das Ausmaß des Aufruhrs ruft er zur Niederwerfung auf, die dann 100 000 Tote fordert.

Anglikaner gegen Katholiken in England

1533 verurteilt der Papst die Scheidung des englischen Königs Heinrich VIII. und exkommuniziert ihn. Der König antwortet damit, daß er sich zum Oberhaupt der englischen Kirche ernennt, und vollzieht so den Bruch mit Rom. Ab 1547 gibt es daher eine neue, stark vom Calvinismus beeinflußte Religion: *die anglikanische Kirche.* Unter der Herrschaft Maria Tudors provoziert die Rückkehr zum Katholizismus Aufstände und zahlreiche Blutbäder. 1569 wird die anglikanische Kirche Staatsreligion. Sie bekräftigt ihre Unabhängigkeit vom Papst.

Die Bartholomäus-Nacht

Katholiken gegen Protestanten in Frankreich

1562 beginnt auch in Frankreich der Kampf zwischen dem katholischen König und seinen kirchentreuen Anhängern einerseits und den mächtigen protestantischen Adligen im Süden des Landes andererseits. Am 24. August 1572 fordert ein furchtbares Gemetzel, zu dem König Karl IX. den Befehl gegeben hat, in der *Bartholomäus-Nacht* in Paris und auf dem Land Tausende tote Protestanten. 1589 wird der protestantische Heinrich von Navarra als Heinrich IV. Erbe des französischen Throns. Er konvertiert zum Katholizismus und stellt durch das *Edikt von Nantes* (1598) den inneren Frieden wieder her, indem er den Protestanten Religionsfreiheit zugestcht.

Bauern und Ritter

Daß die Bauern sich gegen die Oberschicht der Adeligen, der Ritter und der Gutsherren erheben, ist etwas Neues in der Geschichte.
Die großen Gestalten der deutschen Bauernkriege, die unter dem Symbol

des „Armen Konrad" (Symbolfigur der geknechteten Bauern) und des „Bundschuh" (der einfache Bauernschuh) stehen, sind Ritter wie Florian Geyer und Götz von Berlichingen, die sich auf die Seite der Bauern gestellt haben, und vor allem Thomas Müntzer, ein Theologe, der vom Anhänger zum Gegner Luthers geworden ist und nach der Niederlage der Bauernerhebung gefoltert und hingerichtet wird.
Die Niederlage der Bauern ist für die deutsche Geschichte von weitreichender Bedeutung. Am Horizont Europas zieht allmählich der Dreißigjährige Krieg herauf.

Eine neue Kriegswaffe beginnt sich durchzusetzen: die Kanone. Sie macht den bisherigen Krieg Mann gegen Mann „unpersönlich"

Der Dreißigjährige Krieg

1618 haben sich die Konflikte in der Folge der Reformation so aufgestaut, daß ein erster Religions- und Staatenkrieg entsteht, der völlig auf deutschem Boden ausgetragen wird: Der Dreißigjährige Krieg. Man teilt ihn auch in vier „Unterkriege" ein:

Böhmisch-Pfälzischer Krieg (1618-23)

In Deutschland selbst stehen sich bereits zwei 1608/09 gegründete Bündnisse gegenüber: die katholische „Liga" unter Führung Bayerns und die protestantische „Union" unter Führung der Kurpfalz. Mit dem böhmischen Aufstand gegen die Habsburger 1618 beginnt dann der Krieg. Das Signal ist der sog. Prager Fenstersturz. Abgesandte des Kaisers werden buchstäblich aus dem Fenster geworfen. Kaiser Ferdinand II. wird für abgesetzt erklärt, siegt aber in der Schlacht am Weißen Berg 1620, erobert die Pfalz, die an Bayern fällt, und die „Union" wird aufgelöst.

Wallenstein,
Herzog von Friedland
(1583-1643)

Niedersächsisch-Dänischer Krieg (1625-29)

Christian IV. von Dänemark greift ein, um sich in Norddeutschland eine Machtbasis für den Kampf gegen Schweden um die Vorherrschaft im Ostseeraum zu schaffen, wird aber besiegt. Endgültig scheint sich die Kräfteverschiebung zugunsten des Katholizismus anzubahnen. Doch weil ihnen der Kaiser zu

Gustav II.
Adolf von Schweden
(1594-1632)

zentralistisch ist, setzen die katholischen deutschen Fürsten seine Entmachtung und die Entlassung seines berühmten Feldherrn Wallenstein durch.

Die Schlachten und Wirren des Krieges verwüsten die deutschen Lande

102

Schwedischer Krieg (1630-35)

Gustav Adolf von Schweden greift ein, weil er seine Stellung und die allgemeine Machtverteilung in Europa bedroht sieht. Der Mord- und Brandzug seiner Armee durch Deutschland verbreitet Not und Schrecken. Wallenstein, den Gustav Adolf wieder eingesetzt hat, wird 1632 in Eger ermordet. Gustav Adolf selbst fällt im Kampf. Schwedens Niederlage wird durch den Prager Teil-Frieden 1635 und den Heilbronner Bund besiegelt.

Der Dreißigjährige Krieg, der als Glaubenskrieg beginnt und als Machtkampf zwischen den Habsburgern, Frankreich und Schweden endet, hat ungeheuerliche Not, Zerstörung und Verwüstung hinterlassen und die deutsche Bevölkerung um ein Drittel vermindert. Deutschland ist eine halbe Wüste. Zuvor ein reiches Land, ist es jetzt für zwei Jahrhunderte ein armes und wird so, während Frankreich und England zu Weltmächten aufsteigen können, zur „verspäteten

Prager Fenstersturz

Schwedisch-Französischer Krieg (1635-48)

Als sich Frankreich und Schweden verbünden, tritt dieser erste europäische Krieg in eine neue Phase ein. Veranlaßt war dieses Bündnis durch den bourbonisch-habsburgischen Gegensatz. Keine Seite aber kann mehr den Kampf militärisch entscheiden, zu geschwächt sind alle schon. Nach zahlreichen vergeblichen Verhandlungen kommt es schließlich zum Westfälischen Frieden 1648 (Münster und Osnabrück), mit dem der Dreißigjährige Krieg endet.

Nation". Die häufig wechselnden Bündnisse des Krieges sind mitverantwortlich dafür, daß Deutschland danach in zahllose Klein -und Kleinststaaten zerfällt. Manche Gebiete wechseln viele Male die Religion, weil *cuius regio, eius religio* gilt, das heißt: wer herrscht, bestimmt die Religion seiner Untertanen.

Der Absolutismus in Frankreich

Seit dem Ende des Mittelalters und vor allem unter der Herrschaft Ludwig XI., Franz I., Heinrich IV. und Ludwig XIII. wird die Macht der Könige immer größer. Ab 1661 regiert Ludwig XIV. als absoluter Herrscher.

Ungesicherte Herrschaft

Als sein Vater 1643 stirbt, ist Ludwig XIV. erst 5 Jahre alt. Seine Mutter Anna von Österreich und sein Minister, der Kardinal Mazarin, regieren für ihn. Mazarin will die königliche Macht vergrößern, aber die Adelsherren wehren sich dagegen und wiegeln das Volk auf. Das ist der Beginn der *Fronde*. Nach vier Jahren Bürgerkrieg zwischen 1648 und 1652 stellt Mazarin die Ordnung in dem zerrütteten Frankreich wieder her.

Der zentralistische Staat

Ludwig XIV. widmet sich jeden Tag acht Stunden lang dem „Beruf des Königs". Er trifft alle Entscheidungen: „Der Staat bin ich", behauptet er. Er umgibt sich mit Ministern, die an den Entscheidungen teilhaben und seine Befehle ausführen lassen. Unter ihnen ist Colbert, der die Finanzen verwaltet, staatliche Fabriken gründet, den Handel fördert und eine starke Marine aufbaut. Louvois kommandiert die Armee, und Vauban läßt die Grenzen befestigen. An die Spitze der Provinzen stellt der König Bevollmächtigte.

Ludwig XIV. wählt als Attribut die Sonne um zu zeigen, daß er über allen steht, weshalb er später der „Sonnenkönig" genannt wird

Die absolute Macht

Die Adeligen, die ihren ganzen politischen Einfluß verloren haben, sind nur noch Höflinge. Da der König Repräsentant Gottes auf Erden ist, muß man ihm gehorchen und ihn verehren. Das ganze Leben am Hof dreht sich um seine Person. Alles was er tut, wird mit einer wahren Zeremonie begangen: der *Etikette*.

Schirmherr der Künstler
Künstler, Schriftsteller und Gelehrte stehen im Dienst des Königs. Große Schriftsteller, wie Boileau oder La Fontaine, sind Mitglieder der Académie francaise. Der König liebt das Theater; Corneille, Racine und Molière sind die erfolgreichsten Autoren, Lully ein beliebter Komponist.

Versailles
1661 läßt Ludwig XIV. in Versailles, nahe Paris, einen prachtvollen Palast bauen. Später lebt er dort von seinem Hofstaat umgeben, der beinahe 10 000 Personen umfaßt. Le Vau ist der Baumeister. 30 000 Arbeiter arbeiten 31 Jahre lang an diesem Prunkschloß.

Der Kampf gegen die Protestanten
Um die religiöse Einheit im Königreich wiederherzustellen, widerruft der König 1685 das *Edikt von Nantes*.
Der Protestantismus wird verboten.
Über 150 000 Protestanten verlassen Frankreich und siedeln sich als „Hugenotten" vorwiegend in Deutschland an, wo sie eigene Städte gründen (z. B. Erlangen, Bad Karlshafen).

Der König und der Krieg
Die Kriege füllen einen Großteil der Regierungszeit aus. Am Anfang siegen die Franzosen noch, aber dann schließen sich die europäischen Länder gegen den Ehrgeiz des Königs zusammen. Später werden die Kriege immer länger und kostspieliger und zerrütten das Land. Das Elend der Bauern, die immer mehr Steuern zahlen müssen, ist groß.

Die englische Revolution

**Der Bürgerkrieg und
die Hinrichtung des Königs**

Karl I. will aus England eine absolute
Monarchie machen. 1640 lehnt das Parlament die neuen Steuern ab und hetzt das
Volk gegen den König auf: Es kommt zum
Bürgerkrieg. In diesem Konflikt stehen
sich *Kavaliere*, Anhänger des Königs, und
Rundköpfe, Anhänger des Parlaments, die
die Haare kurz tragen, gegenüber.
Cromwell besiegt die königliche Armee
bei Naseby. Der König wird eingesperrt,
verurteilt und 1649 hingerichtet.

Das heutige Parlament in London, wo das Unterhaus und das Oberhaus tagen, stammt aus dem 19. Jh. Es wurde im neugotischen Stil an der Stelle gebaut, wo früher der Palast von Westminster stand, der 1834 abbrannte und bereits das Parlament beherbergte, das eine wesentliche Rolle während der englischen Revolution und ganz allgemein im gesamten Lauf der Geschichte des Landes gespielt hatte.

Republik und Diktatur

Nach der Hinrichtung des Königs ruft das Parlament die Republik aus. Vier Jahre später löst Cromwell das Parlament auf und nimmt den Titel *Lordprotektor der Republik* an. Er regiert wie ein Diktator mit Unterdrückung und Angst. Lokale und Theater sind geschlossen, und Feste werden abgeschafft. Das katholische Irland wird stark unterdrückt, und alle, die sich Cromwell widersetzen, werden ausgestoßen und hingerichtet.

Cromwell

Die Rückkehr des Königs

Nach dem Tod Cromwells 1658 wenden sich die Engländer, zermürbt von der Diktatur, Karl II. zu, dem Sohn des enthaupteten Königs. Dieser will wie Ludwig XIV. herrschen, von dem er Geld erhält, und dem er heimlich verspricht, den Katholizismus wiedereinzuführen. Bald entsteht Streit mit dem Parlament. Zwei Parteien stehen sich gegenüber: die *Tories*, die die absolute Macht des Königs befürworten, und die *Whigs*, die sie kontrollieren wollen.

Die gemäßigte Monarchie

1679 erreichen die Whigs die Abstimmung über die *Habeas-Corpus-Akte*, ein Gesetz, das die persönliche Freiheit garantiert und jeden vor willkürlicher Inhaftierung schützt. 1689 erkennen die Herrscher durch die „Bill of Rights" die Einschränkung ihrer Macht an. Von jetzt an muß sich jede Regierung auf eine Mehrheit im Parlament stützen können. Einige Monate später gewährt ein Toleranzgesetz Religionsfreiheit. Es folgt eine Zeit wirtschaftlicher Blüte Englands.

Die Niederlande

1579 vereinigen sich sieben Provinzen im Norden der Niederlande, sagen sich von Spanien los und erklären sich für unabhängig. Sie geben sich den Namen Vereinigte Niederlande, die im 17. und 18. Jh. mit Holland als aktivster Provinz einen Platz unter den europäischen Großmächten einnehmen.

Eine große Seemacht

Da das Land unter dem Meeresspiegel liegt, wird es von weitläufigen Deichen geschützt. Der Fischfang entwickelt sich zum wichtigsten Wirtschaftszweig. Die Niederländer sind hervorragende Seefahrer auf allen Weltmeeren. Ihre große Flotte spezialisiert sich auf den Transport von Handelswaren, vor allem von Getreide über die Ostsee. Im 17. Jh. erregen ihre modernen Schiffswerften Bewunderung. Zu dieser Zeit besteht die holländische Flotte aus 16 000 Schiffen und ist damit größer als die englische und französische zusammen.

Tüchtige Kaufleute
Zu Beginn des 17. Jh. schicken die Händler
aus Amsterdam ihre Schiffe nach Indien und
gründen die Ostindische und die Westindische
Handelsgesellschaft, mit denen sie den Handel
nach Amerika und Asien kontrollieren.
In Nordamerika gründen sie die Kolonie
Neu-Amsterdam, die später New York heißen
wird. Das Land erlebt großen Wohlstand,
beträchtliche Geldmengen sind im Umlauf, und
es entstehen Banken wie die berühmte Bank
von Amsterdam.

Politische und religiöse Freiheit
Das 17. Jh. ist das bedeutendste Jahrhundert in der Geschichte der Vereinigten
Niederlande. Der Wohlstand, die gute
Regierung des Jan de Witt, Schulwesen
und Förderung der Wissenschaften prägen
diese glanzvolle Epoche. Es herrscht
Toleranz, alle Religionen können neben-
einander existieren. Die Niederlande sind
eines der wenigen Gebiete der Welt, in
denen es keine Judenverfolgung gibt.

Der Krieg gegen den Sonnenkönig
Die Vereinigten Niederlande, eine kleine
handeltreibende Republik mit zwei
Millionen Einwohnern, reich, liberal und
tolerant, erwecken große Eifersucht im
monarchistischen, von Fanatismus
beherrschten Europa mit seinen wirtschaftlichen Problemen. 1672 unterwirft
Ludwig XIV. die Niederlande und versucht den Katholizismus wiederherzustellen. Der Republikaner Jan de Witt,
den man für die Niederlage verantwortlich macht, wird ermordet. Ein Bündnis
mit England gegen Frankreich beendet
das große Jahrhundert der Niederlande.

Die Philosophen

Der neue Geist des 18.Jh.
In der Regierungszeit Ludwig XV.
verbreiten französische Schriftsteller und
Gelehrte, die man *Philosophen* nennt,
neue Ideen unter dem Adel und reichen
Bürgertum. Sie kritisieren die absolute
Macht des Königs und fechten sein
angeblich göttliches Recht an. Nach
ihnen sollten die Prinzipien von
Gerechtigkeit, Toleranz und Freiheit
für alle Menschen gültig sein. Diese
philosophische Bewegung, genannt die
Aufklärung, bringt die Monarchie ins
Wanken und bereitet die Revolution vor.

Die Philosophen versammeln
sich oft in Kaffeehäusern.
Dort trifft man Freunde,
kommentiert die Zeitungen
und nimmt ein neues Getränk
zu sich: den Kaffee.

Ein geistiger Führer:
Montesquieu (1689-1755)

Obwohl er als Adeliger geboren ist, möchte der Baron von Montesquieu vom Herrscher unabhängig sein. Diesen Willen äußert er in den *Persischen Briefen*, in denen er königliche Macht und Kirche kritisiert. Er stellt seine Ideen über Freiheit, Gerechtigkeit, Sklaverei und Toleranz dar. Im *Geist der Gesetze* analysiert er die verschiedenen Staatsformen. Er rühmt die Verdienste der parlamentarischen Monarchie Englands und das Prinzip der Gewaltenteilung in gesetzgebende, vollziehende und richterliche Gewalt.

Die Enzyklopädisten:
Diderot (1713-1784)

Der Handwerkersohn, der für das Priestertum bestimmt war, widmet sich der philosophischen Diskussion. Auf seine und Alemberts Veranlassung hin nehmen die Philosophen und Gelehrten der Zeit 1746 eine Enzyklopädie in Angriff. Die 35 Bände dieses Werkes enthalten das gesamte Wissen der Zeit und die Gedanken der Philosophen über Religion, Sitten und Institutionen. Diese sogenannten Enzyklopädisten sind Anhänger einer begrenzten Monarchie. Einige sprechen bereits von Revolution.

Die philosophische Auseinandersetzung:
Voltaire (1694-1778)

Francois Marie Arouet, genannt Voltaire, übt großen Einfluß auf das intellektuelle Leben seiner Zeit aus. Er äußert Ansichten, die ihm Gefängnis und Exil einbringen. Er ist ein glühender Verfechter der Prinzipien von Toleranz, Recht und Freiheit. Voltaire, der längere Zeit auch in Deutschland Gast Friedrichs des Großen ist, demonstriert seine Ideen auch in Büchern wie *„Zadig oder das Schicksal"*, *„Micromégas"*, oder *„Candide oder die beste der Welten"*.

„Zurück zur Natur":
Rousseau (1712-1778)

Geboren in Genua, stammt Jean-Jacques Rousseau aus einer französischen Protestantenfamilie und kämpft für Tugend, Gleichheit und Volkssouveränität (die höchste Macht des Volkes), wobei er heftig die absolute Macht kritisiert. In seinen Hauptwerken *„Julie ou la Nouvelle Héloise"*, *„Emile"* und *„Le Contrat social"* fordert er *„Zurück zur Natur"*; nur so finde der Mensch sein Glück statt einer Kultur, die sich auf Besitz stützt und das Herz des Menschen verdirbt.

Die großen Herrscher Europas

In der 2. Hälfte des 18. Jh. versuchen einige europäische Herrscher, ihre Staaten besser zu organisieren und das Los ihres Volkes zu verbessern, wobei sie sich zwar auf die Philosophie der Aufklärung berufen, in Wirklichkeit allerdings die Reformen planen und durchführen, ohne ihre Untertanen zu befragen. Sie bezwecken nur ihre absolute Macht zu erhalten.

Peter der Große
Unter der Herrschaft Peters I. des Großen (1682-1725) vollzieht Rußland den Schritt vom Mittelalter zur Neuzeit. Es wird eine moderne und mächtige Nation nach westlichen Vorstellungen. Die orientalischen Gewohnheiten ändern sich; man kleidet sich anders; die Frauen beteiligen sich am öffentlichen Leben; die Verwaltung wird reorganisiert; Schulen, wissenschaftliche Akademien, Theater werden gegründet. Der Adel behält allerdings seine Privilegien; der Zar regiert autoritär.

Katharina die Große
1762 greift Katharina die Große (die übrigens eine geborene deutsche Prinzessin ist) das Werk Peters des Großen wieder auf. Um den Eindruck einer aufgeklärten Herrscherin zu erwecken, empfängt sie die französischen Philosophen Voltaire und Diderot an ihrem Hof. Sie regelt die Verwaltung in den Provinzen neu, verbessert das Gerichtswesen und gründet Manufakturen. Trotzdem stützt sie sich weiter auf die Adeligen und schlägt einen Bauernaufstand blutig nieder. Die Bauern bleiben Leibeigene, schweren Frondiensten unterworfen und verlieren alle Freiheit.

Peter I. der Große läßt eine neue Hauptstadt errichten, die sich ganz an Europa orientiert: Sankt Petersburg

Friedrich der Große

1740 wird Friedrich II. König von Preußen. Er regiert allein, hart und absolutistisch und betrachtet seine Minister nur als seine Ausführungsorgane. Er modernisiert die Landwirtschaft und baut die Industrie aus, reformiert die Justiz, schafft die Folter ab und gewährt Religionsfreiheit. Auf Vergrößerung seines Staatsgebiets bedacht, unterhält er die beste Armee Europas. Bei seinem Tod ist Preußen fast doppelt so groß (200 000 statt 120 000 km) und hat die dreifache Einwohnerzahl (6 statt 2 Millionen Einwohner), doch die ganze Macht bleibt bei König und Adel.

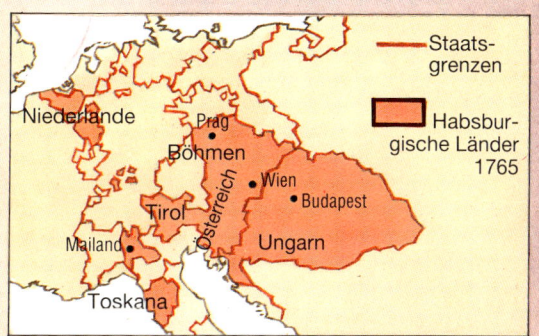

Staatsgrenzen

Habsburgische Länder 1765

Joseph II.

Die Länder der Habsburger sind nach geographischer, wirtschaftlicher und sozialer Situation, in Sprache und Tradition sehr verschieden. 1780 beschließt Kaiser Joseph II. als aufgeklärter Herrscher zu regieren und führt zahlreiche Reformen durch, will aber alles allein entscheiden. In seiner Sorge um die Einheit zwingt er allen Staaten die deutsche Sprache und einen Verwaltungsapparat auf. Er verkündet die Gleichheit aller vor dem Gesetz und führt mit dem Toleranzedikt die Religionsfreiheit ein. Seine Politik erweckt heftigen Widerstand bei Adel und Klerus. Das Ende seiner Regierungszeit ist von Schwierigkeiten überschattet.

Soldaten der preußischen Armee

Joseph II. zwingt den Adel, die Abschaffung der Leibeigenschaft anzuerkennen

Blühender Handel

Die Städte blühen und gedeihen

Die industrielle Entwicklung vor allem der Metall- und Textilindustrie verändert allmählich das ganze Leben. Der Austausch von Agrar- und Fabrikprodukten nimmt zu. Die Städte blühen auf, besonders diejenigen, in denen sich viel Industrie ansiedelt. In Deutschland werden Berlin und Frankfurt erste Handels- und Industriezentren, in Sachsen entsteht die Porzellanindustrie, in Westfalen deuten sich Anfänge des „Ruhrgebiets" an.

Hunger und Seuchen verschwinden

Die Fortschritte der Landwirtschaft im 18. Jh. bei Ackerbau und Viehzucht, besonders in den Niederlanden und England lassen die Agrarproduktion ansteigen. Nach 1750 verschwinden die großen Hungersnöte in Westeuropa. Die bessere Ernährung stärkt die Widerstandsfähigkeit der Bevölkerung gegen Krankheiten und Seuchen. Die Fortschritte in Hygiene und Medizin senken die Sterblichkeit ebenfalls. Die Bevölkerung nimmt zu. Die Lebenserwartung steigt von 35 auf 40 Jahre.

Der Bau breiterer und besserer Straßen erleichtert den Personen- und Güterverkehr

Die bisher langen Reisezeiten verkürzen sich beträchtlich. Für Strecken, für die man um 1700 noch zwölf Tage brauchte, genügen 1765 etwa acht

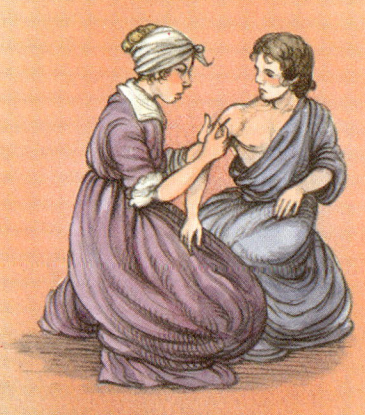

Seit 1796 gibt es einen Impfstoff gegen Pocken

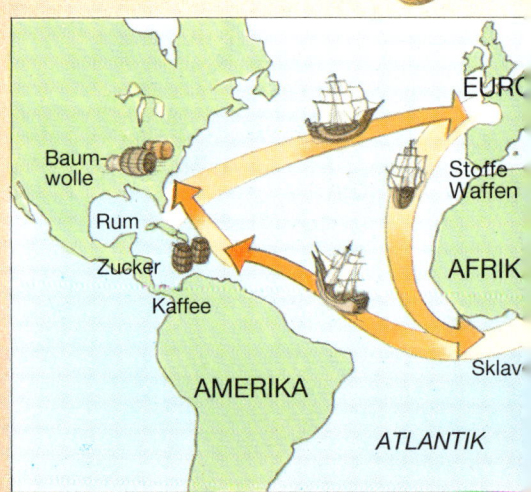

Für langsamere Transporte benützt man die Wasserwege: Ströme, Flüsse, Kanäle

Der Aufschwung des Seehandels

Im 18. Jh. wird der Atlantik von großer Bedeutung: Er ist der große Handelsweg. Dazu tragen mehrere Faktoren bei:
– der Tauschhandel zwischen den westeuropäischen Häfen und den Kolonien Spaniens und Portugals nimmt immer mehr zu;
– die Ausbeutung der Antillen (Martinique, Guadeloupe, Santo Domingo) ist in vollem Gang. Dort entwickelt sich eine Plantagenwirtschaft mit Zuckerrohr, Baumwolle und Kaffee;
– die Besiedlung Nordamerikas schreitet schnell voran;
– in verschiedenen Gebieten bringt die Verwendung afrikanischer Sklaven als billige Arbeitskräfte großen Gewinn.

Sklavenhändler schaffen Schwarzafrikaner nach Amerika und verkaufen sie dort. Auf diese Weise verliert Afrika 12 Millionen Menschen

Jede Fahrt bringt ein neues Schiff ein

Das ist im 17. und 18. Jh. die Gewinnspanne des sogenannten Dreiecksverkehrs (siehe Karte), der auf dem Sklavenhandel beruht. Die Sklaven werden wie menschliches Stückgut von Afrika nach Amerika gebracht, von Schacherern und Sklavenhändlern verkauft, und dann kehren die Schiffe beladen mit tropischen Gütern nach Europa zurück.

Europa im 18. Jahrhundert

Die französische Kultur ist Vorbild

Im 18. Jh. lebt ganz Europa nach französischem Vorbild. An allen europäischen Höfen wird Französisch gesprochen. Dieser Einfluß wird nicht nur in Literatur und Philosophie, sondern auch in Malerei, Bildhauerei und Architektur spürbar. Viele ausländische Künstler kommen nach Paris, um die Regeln des guten Geschmacks kennenzulernen, und französische Künstler werden an ausländische Höfe berufen, um dort zu arbeiten.

Die St.-Nikolaus-Kirche in Prag wird Anfang des 18. Jh. in barockem Stil erbaut

Schloß Versailles, ein Meisterwerk der klassischen Kunst, wird in ganz Europa nachgeahmt; beispielsweise wird auch Schloß Schönbrunn, die Sommerresidenz des österreichischen Hofes, im 18. Jh. nach dem Vorbild von Versailles gebaut. Die klassische Architektur ist harmonisch und majestätisch. Symmetrie und gerade Linien überwiegen.

In ganz Europa wird die Pariser Mode kopiert

Die Frisuren des Rokoko türmen sich zu unwahrscheinlichen Höhen

Die Entstehung des Barock

Der Barock entsteht im 17. Jh. nach der Renaissance in Italien. Er ist zunächst ein religiös bestimmte Kunstrichtung, eng mit der katholischen Gegenreformation verknüpft. Schwungvolle Bewegung, reiche Dekorationen und das Erzielen überwältigenden Eindrucks sind die Merkmale des Barock, der seine Höhepunkte in Spanien, Deutschland und Mitteleuropa erreicht.

Aufführung der Oper Zauberflöte, die Mozart 1791 komponierte

Eine Blütezeit der Musik

Die Musik nimmt in der Kunst des 18. Jh. einen bedeutenden Platz ein und erreicht eine hohe Blütezeit. Mit den Namen Johann Sebastian Bach (1765 Eisenach - 1750 Leipzig), Georg Friedrich Händel (1685 Halle - 1759 London) und Wolfgang Amadeus Mozart (1756 Salzburg -1791 Wien) sind ihre Höhepunkte verbunden. Weitere große Namen der Musik dieser Zeit sind Georg Friedrich Telemann (Deutschland), Domenico Scarlatti und Antonio Vivaldi (Italien) und Jean-Philippe Rameau (Frankreich). Neben Oper und Ballett wird nun auch die sog. Komische Oper populär.

Ein Wandel in der Malerei

In der Malerei vollzieht sich ein Stilwandel. Die Natur und das ländliche Leben werden nun Themen der Malerei, aber auch die Porträtmalerei erreicht große Höhen. Französische Maler wie Watteau, Boucher und Fragonard bestimmen diese Epoche, dazu kommen der Italiener Tiepolo, der Spanier Goya und der Engländer Hogarth. In Deutschland drückt sich die Malerei der Zeit vor allem in den Kirchenmalereien der Barock- und Rokokokirchen aus, wo es neben berühmten Namen viele „namenlose" Meister gibt.

Die bürgerliche Intimität

Der Adel mag in großen Palästen residieren, im Bürgertum wird zunehmend die Intimität und Geborgenheit der kleinen Wohnungen geschätzt. Man bemüht sich um Harmonie von Rahmen und Inhalt.

117

Die deutsche Klassik

Otto von Guericke führt die Wirkung des Luftdrucks und des Vakuums mit Hilfe der Magdeburger Halbkugeln vor

Die deutsche Geschichte des 18. Jahrhunderts ist politisch von der fortdauernden Zerrissenheit und Kleinstaaterei einerseits und dem Aufstieg Preußens bestimmt. Die Geistesgeschichte hat große Ereignisse und Namen. Sie reichen von Leibniz, Lessing und Herder über Philosophen wie Immanuel Kant bis zu Goethe und Schiller. In der Kunst dominieren die großen Kirchen- und Schloßbaumeister.

Das allgemeine Leben

„Die deutschen Lande", wie man jetzt für Deutschland sagt, haben um die Mitte des 18. Jh. nach den großen Bevölkerungsverlusten des 30jährigen Krieges wieder eine Einwohnerzahl von 16 Millionen erreicht (ganz Europa: 130 Millionen). Weil die überwiegende Mehrheit der Bevölkerung noch immer bäuerlich ist, sind nur die Fürstenhöfe die Orte des kulturellen und gesellschaftlichen Lebens (Opern- und Sprechtheater, Bälle und Maskenfeste).

Baukunst und Wissenschaft

Die Architektur feiert ihre großen Höhepunkte in gewaltigen Kirchen-, Residenz- und Schlösserbauten. Balthasar Neumann baut nach der Wallfahrtskirche Vierzehnheiligen auch die Würzburger Residenz, in Potsdam hat v. Knobelsdorff das Schloß Sanssouci vollendet, bedeutende klassische und klassizistische Bauten entstehen in Berlin, darunter das Brandenburger Tor.

In Süddeutschland errichten Baumeister wie die Brüder Asam oder Dominikus Zimmermann (Wieskirche bei Stein-

gaden) herrliche Barock- und Rokokokirchen. Der Dresdner Zwinger, 1728 fertiggestellt, macht die sächsische Residenzstadt zum „Elbflorenz".

Goethes Briefroman „Die Leiden des jungen Werthers" steht für das Lebensgefühl der Sturm-und-Drang-Zeit vor der Hinwendung zur Klassik

Goethe

Lessing

Schiller

Otto von Guericke hat schon 1663 die Macht des Vakuums an seinen „Magdeburger Halbkugeln" vorgeführt, und um 1750 machen nun Physiker und Techniker wie Joh. Heinr. Winkler und Christian August Hausen erste Versuche mit der Elektrizität; sie erfinden die „Elektrisiermaschine".

Dichter und Denker
Deutschland wird zum „Land der Dichter und Denker". Gottfried Herder und Gottfried Wilhelm von Leibniz am Anfang und Immanuel Kant und Moses Mendelssohn zu Ende des Jahrhunderts sind bedeutende Philosophen, also Denker, und die Dichter Gotthold

Ephraim Lessing, Johann Gottfried Herder, der Fabeldichter Christian Fürchtegott Gellert und vor allem Johann Wolfgang von Goethe und Friedrich Schiller werden die Träger der deutschen Klassik in der Literatur, die sich aus einer Bewegung namens „Sturm und Drang" entwickelte. Diese Bezeichnung wird ein fester Begriff in der Weltliteratur. Das frühere „Possentheater" wird durch die berühmte „Neuberin", die Theaterdirektorin Friederike Caroline Neuber, zusammen mit dem Dichter Johann Christoph Gottsched zur seriösen Kunst gemacht. Sie „werfen den Harlekin von der Theaterbühne".

Der Aufstieg Preußens

Nach den Wirren und dem Elend des Dreißigjährigen Krieges kehrt in Deutschland nur langsam Ruhe und eine staatliche Ordnung zurück. In dieser Zeit beginnt Preußens schwerer Weg zur europäischen Großmacht und zur lange vorherrschenden Kraft Deutschlands.

Kurfürst und Soldatenkönig

Nach einer ersten Aufstiegs- und Erfolgszeit Preußens in der 2. Hälfte des 17. Jh. unter Herzog Friedrich Wilhelm, der „der Große Kurfürst" genannt wird, regiert seit 1713 der „Soldatenkönig" Friedrich Wilhelm I. Er lehnt allen höfischen Glanz ab und herrscht nüchtern, fromm und sparsam. Er hat eine Elitegarde, die „Langen Kerls", aus nur besonders großen Soldaten. Er baut eine straffe Finanzverwaltung und das Schulwesen auf und führt die Schulpflicht und

Wehrpflicht ein. Er verlangt von seinen Untertanen, was man später allgemein „typisch preußisch" nennt: strengste Disziplin, Tapferkeit, Gewissenhaftigkeit und nimmermüden Arbeitswillen.

Der große König

Alles ändert sich gründlich, als 1740 sein Sohn auf den Thron gelangt. Friedrich II., den man bald den großen König, später Friedrich den Großen, nennt, findet eine unstabile politische Lage in Europa vor. Die Ursachen sind familiäre Zwistigkeiten der Herrscherhäuser untereinander. Das nützt er aus. Er schafft neue Gegensätze und verwickelt neben Österreich und Bayern auch andere Staaten wie Frankreich, Rußland und Großbritannien in diese Auseinandersetzungen.

Der Siebenjährige Krieg

Friedrich erhebt Anspruch auf Schlesien, marschiert dort ein und entfesselt damit den Siebenjährigen Krieg (1756-63) gegen Österreich. Nach glanzvollen Siegen (Roßbach, Leuthen), aber auch schweren Niederlagen (Kunersdorf) rettet ihn nur der Tod der Zarin Elisabeth von Rußland vor dem erdrückenden Übergewicht der europäischen Koalition, die seine erbitterte Gegnerin Maria Theresia zusam-

Das Brandenburger Tor, gekrönt von der Quadriga und der Siegesgöttin, wird 1788-91 als Symbol für das aufstrebende Preußen errichtet

120

Friedrich der Große führt den Kartoffelanbau ein

mengebracht hat. Elisabeths Nachfolger Zar Peter I. schlägt sich unerwartet auf die Seite Preußens, und so geht Friedrich schließlich mit großen Gebietsgewinnen (Schlesien, Ostfriesland, Westpreußen) letztlich als Sieger hervor. Damit ist Preußen eine europäische Großmacht geworden. Aber auch der Dualismus zwischen Preußen und Österreich ist geblieben.

Erster Diener des Staates

Während er Preußens Großmachtstellung nach außen weiter festigt, baut Friedrich zugleich sein „neues" Preußen auf. Er findet seine eigene Regierungsweise: den „aufgeklärten Absolutismus". Im Gegensatz zu Frankreichs „Sonnenkönig" (s. S. 104) erklärt er sich ausdrücklich nur zum „ersten Diener des Staates". Allerdings verbindet er das auch mit dem Satz: „Alles für, aber nichts durch das Volk." Das heißt, „demokratisch" will er sein Land nicht regieren. Aber die Religionsfreiheit gewährt er ausdrücklich: „Jeder soll nach seiner Façon selig werden." Er führt den Kartoffelanbau in Preußen ein. Er ist außerdem ein sehr musischer König, er spielt selbst Flöte und komponiert sogar selbst Flötenkonzerte. Berühmt ist seine Verbindung mit dem französischen Philosophen Voltaire, der auf seine Einladung drei Jahre an seinem Hof lebt. Als er 1786 mit 74 Jahren stirbt, nennt ihn das Volk bereits liebevoll den „Alten Fritz".

Schloß Sanssouci im Park von Potsdam (zum Teil nach Entwürfen Friedrichs des Großen errichtet) gilt als eines der Hauptwerke des deutschen Rokoko

Das Habsburgerreich

Die Habsburger sind seit dem späten Mittelalter eine, wenn nicht die bestimmende politische Macht in Europa. Seit der Mitte des 10. Jh. bis zum Ende des 1. Weltkriegs, also fast ein Jahrtausend lang, währt ihre Geschichte.

Anfänge am Oberrhein

Die Dynastie der Habsburger hat ihre Anfänge um die Mitte des 10. Jh. am Oberrhein als schwäbisches Dynastengeschlecht. Der Name kommt von der dortigen damaligen Habsburg. Ihr Aufstieg beginnt mit der Wahl von Rudolf I.

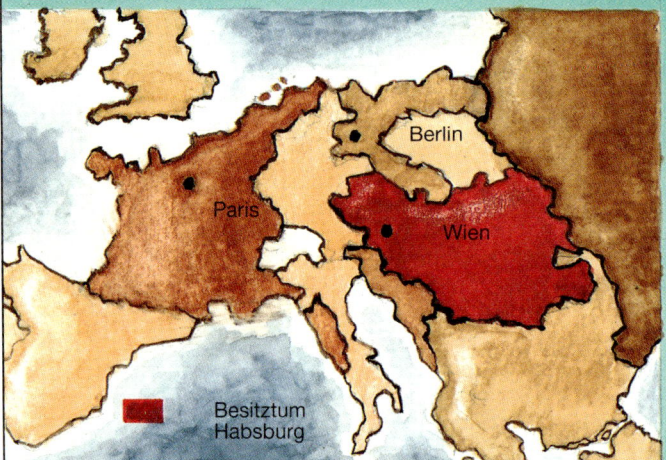

Karl V. (1500-1558)

1273 zum König des Hl. Röm. Reiches Deutscher Nation. Nach seinem Sieg über Ottokar II. von Böhmen 1278 gewinnt er die Herzogtümer Österreich und Steiermark. Dies ist der eigentliche Beginn Österreichs und seiner dann „immerwährenden" Verbindung mit den Habsburgern, zumal, als dann Kärnten und Krain, Tirol und Triest dazuerworben werden. Seit dem 15. Jh. gilt dafür der Name „Haus Österreich". Im 14. und 15. Jh. gehen in der Folge der Gründung der helvetischen Eidgenossenschaft die schweizerischen Besitzungen verloren, und es entstehen drei habsburgische Linien, die erst Maximilian I. wieder vereinigen kann.

Krone des Reiches

Bis 1806 bleiben die Habsburger mit kurzer Ausnahme die Träger der Krone des Hl. Römischen Reiches Deutscher Nation. Macht, Größe, Reichtum, Einfluß und Landbesitz erringen sie vor allem durch ihre „Heiratspolitik", so daß man bald sagt: „*Tu, felix Austria, nube!*" Nämlich: Andere Länder mögen Kriege führen (um Land zu gewinnen), du aber, glückliches Österreich, heirate! Im 16. Jh. vollzieht sich mit Karl V. der Aufstieg des Habsburgerreiches zur europäischen Großmacht, die später zu dem Machtkampf mit Preußen führt. Karl V. hat „ein Reich, in dem die Sonne nicht untergeht", nämlich von Spanien bis Rußland.

Der Sieg gegen die Türken

Mit der Zurückschlagung der Türkenein-
fälle (Belagerung Wiens 1683, Feldzüge
des Prinzen Eugen, ein Fürst von Sa-
voyen in österreichisch-habsburgischem
Dienst) wird die Stellung der Großmacht
Habsburg zunächst gefestigt, dann aber
mit dem Ausgang des Österreichischen
Erbfolgekriegs 1740-48 geschwächt.
Die althabsburgische Linie erlischt mit
dem Tod Karls VI. 1740. Mit seiner
Nachfolgerin Maria Theresia und deren
Heirat entsteht neu die Linie Habsburg-
Lothringen.

Reichskrone

Maria Theresia
(1717-1780)

Das Zeitalter Maria Theresias

Kaiserin Maria Theresia geht vor allem
mit dem Siebenjährigen Krieg gegen
Preußen in die Geschichte ein, aber nicht
nur dadurch. Sie hat sich gegen Friedrich
d.Gr. eher behauptet als „verloren" und
prägt mit ihrer starken Persönlichkeit
wie später in England Victoria ein gan-
zes nach ihr benanntes Zeitalter. Sie hat
selbst 16 Kinder. Sie führt eine Heeres-
und eine allgemeine Verwaltungs- und
Staatsreform durch und setzt gegen starken ständischen Widerstand den absolu-
tistischen und zentralistischen Staat mit
landesfürstlicher Bürokratie durch.

Joseph II.- der Nachfolger

Maria Theresias Sohn Joseph II., der
nach ihrem Tod 1780 den Habsburger-
thron erbt (seit 1765 ist er bereits Mitre-
gent seiner Mutter), ist zunächst einfach
nur ihr „Nachfolger", bis er dann doch
eigene Statur gewinnt. (s.S. 113)

Belagerung Wiens durch die Türken

Die Amerikanische Revolution

Die 13 englischen Kolonien in Amerika

Zwischen 1607 und 1732 werden in Nordamerika 13 englische Kolonien gegründet. Sie werden besiedelt von Auswanderern, die die Britannischen Inseln aus religiösen Gründen verlassen haben, von besitzlosen Bauern und Abenteurern. Die Kolonien im Norden leben hauptsächlich von Ackerbau, Seehandel und Handwerk. Die im wärmeren Süden beschäftigen zahlreiche schwarze Sklaven für den Anbau von Reis, Baumwolle und vor allem Tabak.

Londons Herrschaft

Die Kolonien erlangen Wohlstand. Als London Geld braucht, besteuert es deshalb zahlreiche Produkte wie Zucker, Rum, Textilien und Kaffee. Als Antwort darauf weigern sich die Amerikaner, englische Waren zu kaufen. 1773 werfen die Bürger Bostons als Zeichen des Protests die Teeladungen dreier Schiffe ins Meer. Dies bedeutet den Bruch mit England. 1775 bricht der Unabhängigkeitskrieg aus.

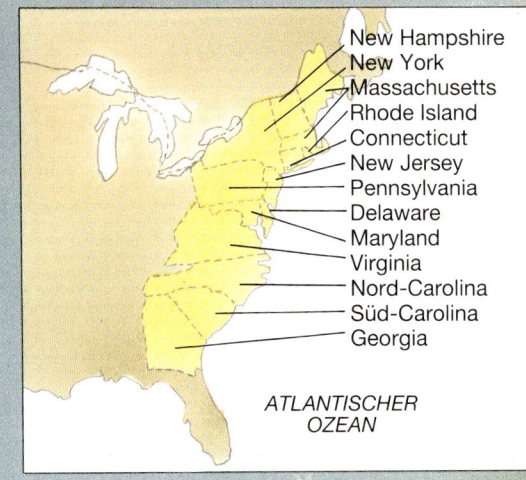

New Hampshire
New York
Massachusetts
Rhode Island
Connecticut
New Jersey
Pennsylvania
Delaware
Maryland
Virginia
Nord-Carolina
Süd-Carolina
Georgia

ATLANTISCHER OZEAN

Bürger Bostons werfen, als Indianer verkleidet, die Teekisten über Bord

Die unzufriedenen Bostoner teeren und federn einen Steuereintreiber

124

Die Unabhängigkeitserklärung

Die dreizehn Kolonien stellen den englischen Truppen eine Armee unter George Washington als Oberbefehlshaber entgegen. Am 4. Juli 1776 nehmen die Kolonien, vereinigt in einem kontinentalen Kongreß, die Unabhängigkeitserklärung der Vereinigten Staaten von Amerika an. Der von Thomas Jefferson ausgearbeitete Text ist von den großen Prinzipien der französischen Philosophen beeinflußt.

Internationale Hilfe

Um den englischen Truppen die Stirn bieten zu können, die zahlenmäßig überlegen und besser ausgebildet sind, bemüht sich Washington um ausländische Hilfe. 1778 schickt Frankreich eine Kriegsflotte, Truppen und Geld. Ein berühmter Heerführer wird La Fayette, ebenso wie der deutsche General Steuben; aus Deutschland kommen auch „gekaufte" Hilfstruppen – allerdings für beide Seiten.

Der Sieg und die Unabhängigkeit

1781 schließt die amerikanisch-französische Armee die englischen Truppen in Yorktown ein. Nach 20tägiger Belagerung kapitulieren die Engländer. Der Vertrag von Versailles (1783) erkennt die Unabhängigkeit der dreizehn amerikanischen Kolonien an. Die Verfassung, die 1787 angenommen wird, schafft eine föderalistische Republik, die die Macht unter der Zentralregierung und den Staaten aufteilt. Ein Präsident, der für vier Jahre gewählt wird, regiert zusammen mit zwei parlamentarischen Gremien (dem Senat und dem Repräsentantenhaus). Der erste gewählte Präsident der Vereinigten Staaten ist Washington (1789-1796). Die Amerikanische Revolution findet in Europa und Südamerika großen Widerhall.

Die erste amerikanische Flagge stammt aus dem Jahre 1777

Die Französische Revolution

Die Ständeversammlung

1788 steigern eine Wirtschaftskrise und neuerlich schlechte Ernten Elend und Unzufriedenheit. Die Anhäufung der Staatsschulden steuert das Land an den Rand des Bankrotts. Deshalb beschließt der König, die Ständeversammlung einzuberufen. Er hofft, neue Steuern bewilligt zu bekommen.

Die Beschwerdebriefe

Zu Beginn des Jahres 1789 werden Vertreter gewählt, die die drei Stände vertreten sollen. In jedem Dorf werden *Beschwerdebriefe* verfaßt, in denen die Franzosen die Abschaffung der Privilegien von Adel und Klerus und die Gleichstellung aller bei der Besteuerung fordern. Die Adeligen und die reichen Bürger das dritten Standes kritisieren die absolute Monarchie und wünschen sich eine Verfassung, die die persönliche Freiheit garantiert.

Der Aufstand des dritten Standes

Am 5. Mai 1789 versammeln sich die Generalstände in Versailles. Die Vertreter des dritten Standes hoffen auf grundlegende Reformen. Der König aber erwartet nur eine Abstimmung über die neuen Steuern. Am 17. Juni 1789 erklären sich die Vertreter des dritten Standes, im Bewußtsein, 96% der Bevölkerung zu vertreten, zur Nationalversammlung. Am 20. Juni geloben die im Ballhaus versammelten Mitglieder, nicht auseinanderzugehen, ohne Frankreich eine Verfassung gegeben zu haben. Die Nationalversammlung nennt sich nun *Constituante*.

Die Revolution in Paris

Der König akzeptiert nicht, daß diese Versammlung seine Macht einschränkt und will sich ihrer entledigen. Er zieht Truppen um Paris herum zusammen. Daraufhin erhebt sich das Volk und stürmt am 14. Juli 1789 die Bastille. Der König erkennt jetzt die Nationalversammlung an und scheint die Revolution zu akzeptieren.

Die Abschaffung der Privilegien

In der Nacht des 4. August 1789 stimmt die Volksversammlung für die Abschaffung der Privilegien und der Adelsrechte. Die Feudalherrschaft wird abgeschafft, aber die Bauern müssen diese Rechte von den Gutsherren in Form von Geld oder Naturalien ablösen.

Aufstände auf dem Land

Beunruhigende Neuigkeiten aus Versailles und Paris erreichen die ländlichen Gebiete. Am Tag nach dem 14. Juli befürchten die Bauern Vergeltungsschläge der Adeligen: Das ist die „große Angst". Ganze Dörfer erheben sich; man greift die Schlösser an und vernichtet die Privilegienregister. Schlösser werden angezündet und ihre Bewohner niedergemetzelt.

Die Menschenrechte

Am 26. August 1789 verabschiedet die Volksversammlung die Erklärung der Menschen- und Bürgerrechte. Sie garantiert feierlich Freiheit und Gleichheit für alle. Die Stände werden aufgehoben: Das ist das Ende der alten Herrschaft, des sog. Ancien Régime.

Der Sturm auf die Bastille am 14. Juli 1789

127

Umschwung und Ende

Die sog. *Sansculottes* (= ohne Hosen, nämlich
Culotte – die Kniehosen der Adeligen) sind Anhänger
und Verteidiger der Revolution; sie tragen die langen
Hosen des einfachen Volkes.

Die Reformen

Die Versammlung erarbeitet eine Reihe
von Neuerungen. Frankreich wird in 83
Departements unterteilt, diese wieder in
Distrikte, *Bezirke* und *Gemeinden*.
Die Steuern des Ancien Régime werden
durch Abgaben ersetzt, die sich nach
dem Einkommen bemessen. Die Kir-
chengüter und nationales Eigentum werden konfisziert. Dafür bekommen die
Mitglieder des Klerus ein Gehalt.

Die Aufteilung der Macht

Die Volksversammlung gründet eine
neue Staatsform, die sich auf die philosophischen Grundsätze der Aufklärung
stützt, welche in der Deklaration der
Menschen- und Bürgerrechte Ausdruck
finden. Der König regiert nun nicht mehr
allein. Die Versammlung stimmt über
die Gesetze ab, die von jetzt an für alle
gleich sind. Außerdem werden die
Richter gewählt, und der König muß

das Gesetz durchführen, das die Abge-
ordneten beschlossen haben. Er besitzt
allerdings ein *Vetorecht*, das ihm aber
nur erlaubt, sich der Ausführung eines
Gesetzes innerhalb eines gewissen
Zeitraums zu widersetzen.

König und Adel verweigern sich

Einige ebenfalls wichtige Umwandlun-
gen geben vielen Anlaß zu Unzufriedenheit: zuerst den Adeligen, die ihre Feu-
dalrechte verloren haben und von denen
einige auswandern; dann dem Klerus,
der seinen Zehent und seine Besitzungen
verloren hat; und schließlich dem König,
der die Revolution nie akzeptiert hat und
der nur an ein militärisches Eingreifen
der ausländischen Herrscher denkt. Am
20. Juni 1791 versucht er nach Österreich zu flüchten. Er wird in Varenne
eingeholt und mitten durch das feindli-
che Volk nach Paris gebracht. Somit verliert der König das Vertrauen des Volkes.

König Ludwig XVI. wird
am 21. Januar 1793 auf
der Guillotine hingerichtet

128

Sieg, Umschwung, Ende

„Die Revolution frißt ihre eigenen Kinder", sagt man, und das trifft besonders auf die Französische Revolution zu. Zuerst wird Ludwig XVI. hingerichtet, Königin Marie Antoinette folgt ihm ebenso wie Tausende Adelige. „Die Guillotine wütet", heißt es. Auch die Führer der Revolution wüten, bis sie am Ende selbst in gegenseitigen Rivalitäten unterliegen. Und so enden auch Robespierre und Danton und viele andere unter dem Fallbeil, Marat wird ermordet. Die Revolution, begonnen als Kampf um „Freiheit, Gleichheit, Brüderlichkeit" endet in einem wüsten Gemetzel und Machtkampf und in Terror und Gewalt. Halb Europa hat sich inzwischen gegen Frankreich gewandt. Zuerst siegt die Revolutionsarmee noch, doch dann endet die Revolution in Wirren und Auflösung, bis schließlich über das „Direktorium", das wieder Ordnung schaffen soll, der Mann kommt, der alles wendet: Napoleon.

Das Recht der freien Rede
Das politische Leben entwickelt sich sehr rege. Es spielt sich in den Salons, Kaffeehäusern, Theatern und Klubs ab, wo man mit Leidenschaft diskutiert. Die zwei bedeutendsten dieser „Klubs" (die man auch „Parteien" nennen könnte) sind die *Jakobiner* und die *Cordeliers*.

Jakobiner
1 - Mirabeau
2 - Brissot
3 - Robespierre

Cordeliers
4 - Danton
5 - Marat
6 - Desmoulins

Mit der Pressefreiheit entstehen zahlreiche Zeitungen. Einige sind revolutionär, wie *der Volksfreund* von Marat oder *der Patriot* von Brissot, andere sind Anhänger des Königs, wie *der Freund des Königs*.

129

Napoleon

"Der Kaiseradler" ist das Emblem Kaiser Napoleons

● Große Schlachten

Erwerbungen ab 1802

Vasallenstaaten des Französischen Kaiserreiches

Unabhängige Staaten

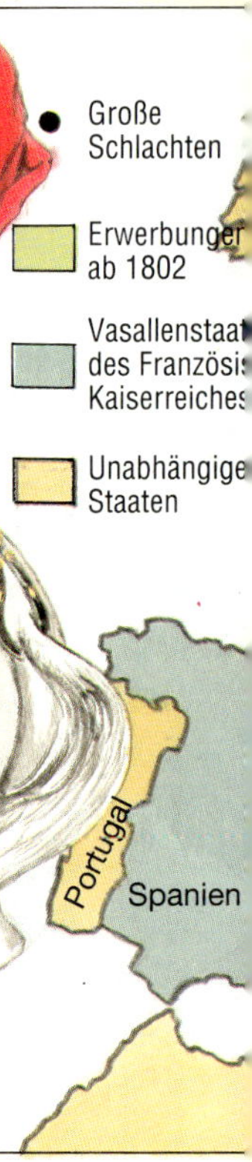

General mit 25 Jahren

Napoleon Bonaparte ist 1769 in Ajaccio auf der Insel Korsika geboren. Als Offizier der republikanischen Armee zeichnet er sich in den Revolutionskriegen aus. Von 1796 bis 1799 erringt er glorreiche Siege: zuerst in Italien, wo er mit Österreich Frieden schließt; dann in Ägypten, wo er einen Feldzug gegen England führt.

Napoleon in einer glorifizierenden Darstellung des Malers David

Portugal · Spanien

Der Staatsstreich des 18. Brumaire

Bonaparte kommt mit dem Ruhmesglanz seiner Siege umgeben nach Frankreich zurück und wird als Retter der Republik empfangen. Am 18. Brumaire des Jahres VIII der (später wieder abgeschafften) Zählung des sog. Revolutionskalenders (9. November 1799) bemächtigt er sich mit Hilfe seiner Soldaten der Herrschaft und stürzt die Herrschaft des Direktoriums.

Bonaparte stellt die Ordnung wieder her

Er ist zuerst *Erster Konsul*, dann läßt er sich im August 1802 aufgrund einer Volksabstimmung zum *Konsul auf Lebzeiten* ernennen und macht sich zum Alleinherrscher, ernennt die Präfekten der Départements und schafft sich eine starke Polizei. In und außerhalb Frankreichs stellt er den Frieden wieder her. Da das Volk genug hat von den Wirren der Revolution, akzeptiert es seine Diktatur.

Das Genie Bonaparte

Bonaparte organisiert die Verwaltung Frankreichs neu und begründet die meisten der Institutionen, die heute noch Bestand haben. Er sammelt und vereinfacht die französischen Gesetze im *Code Napoléon* und gründet *Gymnasien* und die *Banque de France*. Er fördert die Landwirtschaft, die Industrie und die Wissenschaften. Um die religiösen Auseinandersetzungen zu beenden, schließt er mit dem Papst einen Vertrag, ein sog. Konkordat.

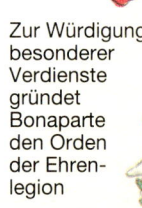

Es gibt eine neue Währung: den Franc

Zur Würdigung besonderer Verdienste gründet Bonaparte den Orden der Ehrenlegion

130

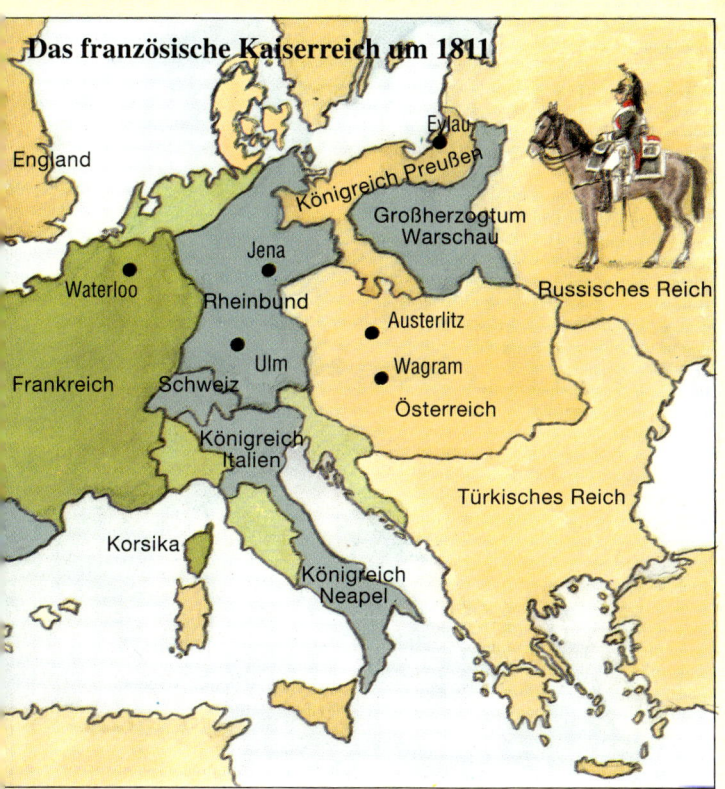

Das französische Kaiserreich um 1811

Die „Grande Armée"
Von 1805 bis 1814 mobilisiert Napoleon 2 113 000 Soldaten. Bei jedem Feldzug verfügt er über mehr als 500 000 Mann. Er marschiert mit seinen Truppen in Eilmärschen durch ganz Europa. Hervorragende militärische Fähigkeiten belohnt er mit raschen Beförderungen; deshalb sind viele seiner Generäle sehr jung. Als großer Stratege leitet Napoleon oft allein die Kampfhandlungen. Bei den „alten Haudegen" genießt er großes Ansehen.

Der Weg zum Kaiserreich
Bonaparte nützt seine überwältigende Popularität aus und läßt sich 1804 als Napoleon I. zum Kaiser ausrufen. Wie 1000 Jahre vor ihm Karl der Große möchte er sich vom Papst zum Kaiser krönen lassen. Die Kaiserkrönung findet am 2. Dezember in der Kathedrale Notre-Dame von Paris statt. Der Kaiser versammelt einen großartigen und ihm ergebenen Hofstaat um sich; die Armee erfreut sich bei ihm hohen Ansehens.

Der Eroberer Europas
Sechs Jahre lang versucht Napoleon ganz Europa unter seine Herrschaft zu bringen. Er führt ununterbrochen Krieg und hätte es auch fast geschafft. Seine „Grande Armée" erringt große Siege, so bei Austerlitz, wo er die Russen und Österreicher schlägt. Nur England leistet Widerstand.

Niederlagen
Ab 1812, nach dem schlimmen Rückzug aus Rußland, der die Armee stark dezimiert hat (über 450 000 Tote), gewinnen Napoleons Gegner die Oberhand. Nachdem sich ganz Europa gegen ihn verbündet hat, wird er zuerst 1814, dann noch einmal 1815 bei Waterloo besiegt. Er ergibt sich nun den Engländern und muß auf die Insel St. Helena ins Exil, wo er 1821 stirbt. Die Monarchie wird wiederhergestellt, Ludwig XVIII. wird König: dies ist die Restauration.

Der Rückzug aus Rußland

131

Die Aufteilung Europas 1815

Karikatur der Vertreter der vier Großmächte auf dem Wiener Kongreß (Österreich, Preußen, Rußland, England)

Die Sieger entwaffnen Frankreich

Nach der Abdankung Napoleons wird Frankreich wieder in die Grenzen von 1789 verwiesen. Es verliert Savoyen und einige Festungen, die seine Grenzen im Norden und Nordosten geschützt haben. Es muß fünf Jahre lang eine Besatzungsarmee dulden und den Verbündeten eine Entschädigung von 700 Millionen Franc bezahlen. Der Wiener Kongreß, der im September 1814 beginnt, soll Europa neuorganisieren. 216 Staaten nehmen daran teil, aber die Hauptrolle spielen die vier Großmächte: England, Rußland, Preußen und Österreich.

Das Verfügungsrecht

Die vier *Großmächte* verändern die Karte Europas, ohne die Ansichten der betroffenen Völker zu berücksichtigen. Sie teilen sich die Gebiete auf. Polen wird zwischen Preußen, Rußland und Österreich aufgeteilt. Die Lombardei und Venetien fallen unter österreichische Herrschaft. Belgien wird dem König von Holland unterstellt. Das wichtigste ist, daß keine Macht so stark wird, einem Bündnis Widerstand leisten zu können. 1815 besiegeln Rußland, Österreich und Preußen die *Heilige Allianz*, um überall in Europa die absolutistische Monarchie zu verteidigen.

Die Minderheiten wollen frei sein

Der Freiheitsdrang, der sich in ganz Europa ausbreitet, und das Nationalbewußtsein, das im Kampf gegen die französischen Eindringlinge entstanden ist, haben den Wunsch nach Unabhängigkeit oder Einheit zahlreicher Völker verstärkt. Sie stellen sich gegen die neue Ordnung in Europa und kämpfen gegen die Rückkehr zu den monarchischen Prinzipien. Die Heilige Allianz unterdrückt diese Unabhängigkeitsbewegungen.

Europa nach dem Wiener Kongreß

Die Polen finden sich nur schwer mit ihrem neuen Status ab. Ein Aufstand steht bevor. Geheimbünde bilden sich.

132

1817 demonstrieren die
deutschen Studenten
und fordern die Einheit
der deutschen Staaten.

Die italienischen Staaten werden
aufgeteilt. Viele kommen zu
Österreich. 1820 organisieren die
italienischen *Carbonari*, Mitglieder eines Geheimbundes, die ersten Aufstände gegen die Herrscher von Neapel und Turin.

1820 lehnen sich freie Offi-
ziere gegen die spanische
Monarchie auf. Frankreich
kommt König Ferdinand
VII. zu Hilfe, die Bewegung
wird 1823 niedergeschlagen.

Moskau

önigreich
Polen

Kaiserreich Rußland

Bessarabien

Konstantinopel

Osmanisches Reich

Griechenland

1821 erheben sich die Griechen
gegen die türkische Herrschaft
und erringen 1829 ihre
Unabhängigkeit.

1810 bricht in Lateinamerika
der Unabhängigkeitskrieg
aus, der bis 1825 dauert und
in dem sich Chile, Peru,
Argentinien und Mexiko von
der spanischen Herrschaft
befreien. 1822 verliert
Portugal Brasilien, das
unabhängig wird.

Die Belgier akzeptieren die Herrschaft des holländischen Königs
nicht, der die Freiheit unterdrückt
und holländisch als einzige Staats-
sprache einführt.

In Österreich versuchen Deutsche,
Italiener, Slawen und Ungarn frei
zu werden. Die Heilige Allianz
kann die Krise noch bis 1848
zurückhalten.

Die Revolutionen von 1830 und 1848

Das ultra-konservative Europa

Nach dem Sturz Napoleons gewinnen monarchistische und religiöse Überzeugungen unerwartet wieder an Bedeutung. Die Royalisten bekommen ihre Stunde der Vergeltung; überall sind die revolutionären Errungenschaften gefährdet. Die Rückkehr zur Monarchie bringt die Unterdrückung der individuellen Freiheiten, die Wiedereinführung der Zensur und die Abänderung des Wahlrechts mit sich. Die liberale Opposition wird wieder für illegal erklärt. Die siegreichen Großmächte schließen sich zusammen in der Absicht, überall einzugreifen, wo Revolution droht.

Die Freiheit führt das Volk an

(nach einem Bild von Delacroix)

Die Ideen der Revolution haben überall Wurzeln geschlagen

Die napoleonischen Eroberungen haben Europa von Grund auf verändert. Napoleon hat überall, wo er durchzog, die Leibeigenschaft aufgehoben, die Herrenrechte abgeschafft, die Verwaltung vereinfacht, sein Bürgerliches Gesetzbuch eingeführt, die Meinungsfreiheit verkündet und Verfassungen gegeben und so trotz allem auch die Prinzipien von Toleranz und Freiheit, Gleichheit in ganz Europa verbreitet und damit letztlich den Anstoß geschaffen für die nachfolgenden revolutionären Bewegungen.

Die beiden großen Revolutionswellen: 1830 und 1848

1830

In Frankreich schürt König Karl X. die Unzufriedenheit unter den Anhängern der Freiheitsbewegung. 1830 versucht er die Journalisten unter strenge Kontrolle der Regierung zu stellen. Es kommt zu einem Aufstand in Paris. Das Volk kämpft die „drei ruhmreichen Tage" (27., 28. und 29. Juli) lang hinter Barrikaden. Karl X. muß fliehen. Einen Monat nach diesem Aufstand schüttelt Belgien die holländische Herrschaft ab und wird unabhängig. Auch Polen erhebt sich, allerdings vergeblich; der Aufstand wird grausam niedergeschlagen, wie auch die Revolutionen in Italien und Deutschland (Kurhessen, Hessen-Darmstadt, Sachsen, Bayern, Hannover).

1848

Die Zeit von 1830 bis zum März 1848 nennt man den Vormärz. Zu dieser Zeit spielen die „Göttinger Sieben" eine besondere Rolle: sieben Professoren der Universität Göttingen, darunter die Gebrüder Grimm, die sich für den Freiheitsgedanken stark machen. Die Revolution geht wieder von Paris aus, das König Louis-Philippe vertreibt und die Republik ausruft. Zur gleichen Zeit brechen in ganz Europa Aufstände aus und scheinen für kurze Zeit Erfolg zu haben. In Wien, Berlin, Neapel, Turin, Venedig, Mailand und Prag fordern Freiheitsbewegungen politische Rechte, soziale Verbesserungen oder Unabhängigkeit. Bei Mannheim erhebt eine badische Versammlung die sogenannten *Märzforderungen*, die bald in allen deutschen Staaten erhoben werden: demokratische Verfassung, Pressefreiheit, Aufhebung der Feudallasten, Volksbewaffnung, unabhängige Schwurgerichte und „sofortige Herstellung eines deutschen Parlaments". In der Frankfurter Paulskirche tritt eine erste deutsche Nationalversammlung mit dem Ziel der deutschen Einheit zusammen, bleibt aber am Ende uneinig. Die Revolution muß wieder der Reaktion weichen. Überall werden die großen Hoffnungen des Volkes auf blutige Weise erstickt.

Die industrielle Revolution

Das Anwachsen der Bevölkerung
Die Bevölkerung nimmt im 18. Jh. und dann verstärkt im 19. Jh. zu, und die Sterblichkeitsrate geht langsam zurück. In Westeuropa verschwinden dank der Fortschritte in der Landwirtschaft Hungersnöte und damit auch die Epidemien. Die Geburtenziffern bleiben überall sehr hoch. Zwischen 1800 und 1850 wächst die europäische Bevölkerung von 187 auf 266 Millionen an.

Schiffe ohne Segel und Ruder
Bereits 1819 überqueren Dampfschiffe den Atlantik. Die Überfahrt dauert ungefähr 14 Tage; ein Segelschiff braucht 30 bis 40 Tage.

Der Dampf liefert neue Arbeitskraft
Das Prinzip ist folgendes: In einem Kessel kochendes Wasser erzeugt Dampf, der kontrolliert entweicht und als Kraft für vielerlei Zwecke verwendet wird. Die im 18. Jh. in England erfundenen Dampfmaschinen, die mit Kohle angetrieben werden, liefern eine reichhaltige und billige Antriebskraft. Die *Dampfmaschine* ist die fundamentale technische Erfindung der industriellen Revolution.

Dampfbetriebene Dreschmaschine
Der Mechanismus dieser Dreschmaschine hat einen Dampfantrieb. Ihr Einsatz macht die Arbeit leichter und schneller.

Von der Postkutsche zur Eisenbahn
Die ersten Dampflokomotiven, die Waggons auf Schienen ziehen, werden konstruiert. Mit der *Eisenbahn* wird das Reisen schneller (um 1850 fährt man schon mit 50 km/h) und leichter. Auch der Gütertransport nimmt zu. Bereits 1842 sind viele Städte mit Eisenbahnlinien verbunden.

Weitere Erfindungen des 19. Jh.

1825 Niepce erfindet die *Photographie*.

1830 Thimonnier entwickelt eine erste Kettenstichnähmaschine (erste *Nähmaschine* 1755, C. Weisenthal).

1855 Bessemer erfindet die „*Bessemer-Birne*" zur Stahlproduktion.

1871 Gramme erfindet den *Dynamo*.

1869 Bergès erzeugt elektrischen Strom mit Hilfe eines Wasserfalls (die *Wasserkraft*).

1872 Bell baut das erste *Telephon* auf der Grundlage der Erfindung von Philipp Rais 1861.

1877 Edison erfindet den *Phonographen*.

1879 Edison stellt die erste *Glühlampe* her.

1885 Pasteur entwickelt den *Impfstoff gegen Tollwut*.

1895 Die Brüder Lumière erfinden den *Kinematographen*.

Die Automobile

Nachdem man anfangs mit Dampfwagen experimentierte, bricht 1886 mit dem ersten „Benzin-Motorwagen" von Carl Benz das Automobil-Zeitalter an.

Die Flugzeuge

Auch die Ära des Flugzeugs beginnt. Otto Lilienthal eröffnet es mit seinen Flugversuchen. Bis zu den ersten Motorflugzeugen gibt es auch Experimente mit Dampfantrieb, die sich aber nicht durchsetzen.

Produktionssteigerungen

Mit der Verwendung von Maschinen kommt es in der Textilindustrie, Metallgewinnung und Landwirtschaft zu kräftigen Produktionssteigerungen.

Von der Werkstatt zur Fabrik

Durch die Mechanisierung verschwinden allmählich die kleinen Werkstätten, und die Heimarbeit nimmt ab. Gearbeitet und produziert wird jetzt in großen *Fabriken* in Gegenden, in denen reichlich Kohle vorhanden ist. Viele Bauern verlassen ihre Dörfer, ziehen in die Städte und werden Arbeiter. Doch sie leben sehr schlecht. Sie arbeiten 12 bis 14 Stunden täglich für einen geringen Lohn. Auch Kinder ab 7 Jahren müssen arbeiten.

Mächtige Banken entstehen

Die industrielle Revolution ist sehr teuer. Die Adeligen und Bürger, die unmittelbar an ihr mitwirken, beschafften das Geld für sie. Sie gründen Geldinstitute, die die kostspieligen Unternehmen wie die Eisenbahnlinien finanzieren. Es entstehen große Gesellschaften und mächtige Banken. Der *Kapitalismus* blüht auf.

Die Veränderung der Gesellschaft

Die Landflucht

Im 19. Jh. kommt es in Europa zu einer bedeutenden Bevölkerungsverschiebung vom Land in die Städte. An dieser Abwanderung ist der Rückgang des ländlichen Handwerks schuld, das mit den Fabriken nicht konkurrieren kann, sowie die Verminderung der bäuerlichen Handarbeit durch die Mechanisierung der Landwirtschaft.

Die Veränderung der Städte

Um 1850 haben einige Städte, wie London oder Paris, schon eine Million Einwohner. Das bringt zahlreiche Probleme der Versorgung und des Transportwesens. Es entstehen Vororte, in denen die Fabriken und auch die Wohnungen der Arbeiter liegen. Die verschiedenen sozialen Schichten trennen sich und siedeln sich in eigenen Wohnvierteln an.

Bürgerhaus im Stadtzentrum

138

Die „Arbeiterklasse" entsteht

Sie besteht aus der Gesamtheit der Lohnarbeiter, die in der Großindustrie beschäftigt sind (Bergwerke, Textilindustrie). Die Arbeiter leben unter harten Verhältnissen und arbeiten 13 bis 14 Stunden täglich. Der Überfluß an Arbeitskräften erlaubt den Arbeitgebern, die Löhne niedrig zu halten. Es herrscht große Arbeitslosigkeit. Obwohl sie verboten sind, brechen oft große Streiks aus. In dem Bewußtsein, ein Opfer der wirtschaftlichen Entwicklung zu sein, versucht die Arbeiterklasse, sich zu organisieren. Sie fordert Rechte, besonders *Vereinsfreiheit.*

Arbeiterwohnung in einem Vorort

Bürgertum und Mittelklasse

Am meisten profitiert das Bürgertum von dem industriellen Fortschritt des 19. Jh. Es beherrscht das wirtschaftliche Leben, kontrolliert die Banken, Handelsgesellschaften und Fabriken. Es besitzt die politische Macht. Die Mittelklasse (Handwerker, Kaufleute, Beamte, Ärzte, Notare) genießt einen gewissen Wohlstand und nimmt zu.

Die Entfaltung revolutionärer Ideen

Das Elend der Arbeiter und die wachsenden sozialen Unterschiede rufen die sogenannte „sozialistische" Bewegung ins Leben, die 1815 gleichzeitig in England und Frankreich entsteht. Die Sozialisten glauben, daß es möglich ist, eine gerechtere Gesellschaft zu schaffen, die dem Großteil der Menschen ein besseres Leben bietet.

• Der Engländer OWEN fordert eine gerechtere Gewinnverteilung industrieller Erträge
• Der Franzose PROUDHON, der behauptet, „Eigentum ist Diebstahl", ruft die Arbeiter auf, sich in *Arbeitergenossenschaften* zusammenzuschließen.
• Der deutsche Journalist Karl MARX und sein Freund ENGELS, die die *kommunistische* Bewegung begründen, argumentieren, daß der vom Arbeitgeber erwirtschaftete Profit durch die Ausbeutung der Arbeiter zustandekommt. Marx behauptet, nur eine Revolution könne dieser Ausbeutung ein Ende machen. Seine Theorien und Schriften werden die Revolutionen des 20. Jh. inspirieren.

Marx   Engels

Die Einigung Italiens und Deutschlands

Italien

Die Phasen der italienischen Einigung

Magenta
Krieg
Lombardei-Venetien
Piemont Parma Solferino
Modena
Toskana Kirchen-
staat
Rom
Königreich
beider Sizilien
Sardinien

- Anschluß an das Königreich Italien 1866
- Vereinigtes Gebiet 1860
- Königreich Piemont-Sardinien
- Kirchenstaat 1870

Die Einigung 1859 - 1870

1859 werden die Österreicher bei Magenta und Solferino geschlagen. Piemont erwirbt die Lombardei und annektiert die Herzogtümer Zentral- und Süditaliens. Der Republikaner Garibaldi erreicht 1860 die Vereinigung Siziliens und des Königreichs Neapel mit Piemont. 1861 wird das Königreich Italien ausgerufen; Viktor Emanuel II. ist sein erster König. 1866 wird nach einer neuerlichen Niederlage Österreichs die Annexion Venetiens möglich. 1870 wird auch noch Rom annektiert und Hauptstadt Italiens.

Ein Königreich rebelliert

Nach dem Mißerfolg der Aufstände von 1848 werden die kleinen Monarchien, aus denen Italien zusammengesetzt ist, mit Hilfe und unter Aufsicht Österreichs wieder eingesetzt. Nur das Königreich Piemont-Sardinien leistet Widerstand. Sein König Viktor Emanuel II. und der Minister Cavour, vom Bürgertum unterstützt, sind die Hoffnung der italienischen Patrioten, die von einer Einigung Italiens träumen. Cavour versichert sich der Unterstützung Frankreichs. Der Befreiungskrieg bricht 1859 aus.

Das Wohlstandsgefälle

In dem neu gegründeten Königreich Italien besteht ein großes Mißverhältnis zwischen den reichen Gebieten im Norden und dem großen wirtschaftlichen Rückstand des Südens, des sogenannten Mezzogiorno. Dieser Zustand führt zu einer starken Wanderungsbewegung aus dem Süden in den Norden.

Garibaldi und seine Anhänger, die „Rothemden"

140

Deutschland

Die Phasen der deutschen Einigung

Schleswig, Holstein, Mecklenburg, Preußen, Hannover, Berlin, Westfalen, Brandenburg, Rheinland, Hessen, Thüringen, Sachsen, Schlesien, Elsaß-Lothringen, Bayern, Baden-Württemberg

- Preußen 1861
- Preußische Annexion 1866
- Reichsland
- Süddeutsche Staaten
- Norddeutscher Bund (1866-1871)
- Deutsches Reich 1871

Die Einigung

Bismarck schafft eine neue politische Ordnung in Deutschland. Unter der Führung Preußens schließen die 22 norddeutschen Staaten einen Bund. Die süddeutschen Staaten ziehen mit in den deutsch-französischen Krieg 1870/71. Ein geringfügiger Anlaß, die sog. *Emser Depesche*, führte zur Kriegserklärung Frankreichs. Nach dem deutschen Sieg erfolgt am 18. Januar 1871 im Spiegelsaal von Versailles die Gründung des Deutschen Reichs.

Zwei rivalisierende Mächte

Der Deutsche Bund, der 1815 an die Stelle des Heiligen Römischen Reiches Deutscher Nation getreten ist, besteht aus 39 selbständigen Staaten unter dem Vorsitz des österreichischen Kaisers. Die Liberalen, die sich für eine wirkliche Einheit einsetzen, setzen alle Hoffnung auf einen Staat des Bundes, nämlich Preußen. Dieser behauptet sich aufgrund seiner wirtschaftlichen Macht und versucht Österreich zu verdrängen.

Der Ausschluß Österreichs

Um Österreich ausschalten zu können, versichert sich Bismarck, der Ministerpräsident des preußischen Königs Wilhelm I., des Beistandes der übrigen Monarchien Europas. Er erreicht die Neutralität Englands und Rußlands und die Unterstützung Frankreichs und Italiens. Am 18. Juni 1866 erklärt er Österreich den Krieg. Die Österreicher werden am 3. Juli bei Königgrätz besiegt. Der Deutsche Bund wird aufgelöst. Österreich scheidet aus ihm aus. Die von vielen angestrebte großdeutsche Lösung mit Österreich ist damit erledigt.

Am 18. Januar 1871 wird Wilhelm I. feierlich zum deutschen Kaiser ausgerufen

Berlin wird die Hauptstadt des Deutschen Reiches

Die Erschließung des Westens

Erste Siedler

Anfang des 19. Jh. ist das riesige Gebiet im Westen der Vereinigten Staaten noch unerforscht. Die großen Ebenen jenseits der Appalachen sind der Lebensraum der Indianerstämme. Die Vergrößerung der Vereinigten Staaten erfolgt in der ersten Hälfte des 19. Jh. sowohl durch den Kauf von Gebieten (Louisiana z. B. wird 1803 Frankreich abgekauft) als auch durch Annexionen (1845 Texas) oder Kriege (1848 Kalifornien und Neu-Mexiko). Mitte des 19. Jh. haben die Vereinigten Staaten ihre heutigen Grenzen erreicht. Die Union zählt 34 Staaten, die aber noch lange nicht vollständig erschlossen sind.

Die Pioniere

Viele Siedler aus dem Osten Amerikas lassen sich in den westlichen Gebieten nieder. Es sind mutige Pioniere, die auf der Prärie siedeln und Bauern oder Viehzüchter werden. Das ist das Land der *Cowboys*. Dagegen ziehen die europäischen Einwanderer, die zur selben Zeit nach Amerika kommen, fast überhaupt nicht in den Westen; sie bleiben im schon erschlossenen Osten. 1860 haben die USA 32 Millionen Einwohner, dreimal so viel wie 1820, und achtmal so viel wie 1790.

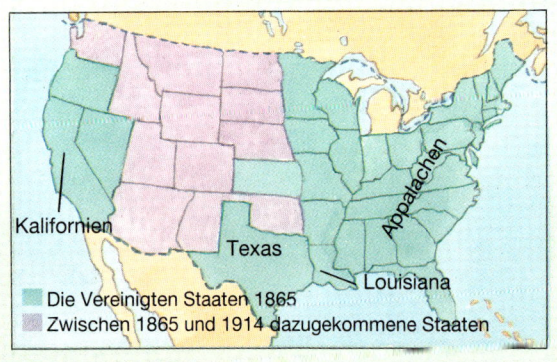

Kalifornien
Texas
Appalachen
Louisiana
Die Vereinigten Staaten 1865
Zwischen 1865 und 1914 dazugekommene Staaten

Der Goldrausch

Die Entdeckung von Gold beschleunigt den Ansturm auf den Westen. Der „Wilde Westen" wird von den Goldsuchern erobert, die mit Planwagen oder über das Meer herbeieilen, angetrieben von der Hoffnung auf schnellen Reichtum. Kalifornien wächst innerhalb von vier Jahren von 10 000 auf 250 000 Einwohner.

Die Indianerkriege

Bei der Eroberung des Westens treffen die Pioniere auf Indianerstämme (Sioux, Apachen u. v. a.), die ihre Gebiete verteidigen. Häuptlinge wie Geronimo, Cochise und Sitting Bull werden durch ihren Widerstand berühmt. Der Großteil der Indianer wird jedoch in blutigen Kriegen zwischen 1860 und 1886 ausgerottet. Die Überlebenden werden in *Indianerreservaten* untergebracht.

1900: industrielle Weltmacht

Die Amerikaner und ihre Einwanderer machen sich ihre neuen Territorien schnell zunutze. Der Ausbau der Verkehrswege, besonders des Eisenbahnnetzes (1870 bereits 80 000 km), kurbelt die Wirtschaft an. Die einzelnen Regionen spezialisieren sich: Im Westen und Süden dominiert die Landwirtschaft, im Norden und Osten die Industrialisierung. Mechanisierung und Fließbandarbeit setzen sich immer mehr durch. Um 1900 sind die USA die erste industrielle Weltmacht.

Die Sklaverei und der Sezessionskrieg
Das Problem der Sklaverei spaltet Norden und Süden der Vereinigten Staaten. 1860 wird Abraham Lincoln, ein Gegner der Sklaverei, Präsident der Vereinigten Staaten; daraufhin kommt es zum Austritt (*Sezession*) der 11 Südstaaten aus der Union. Dies führt zu einem mörderischen Bürgerkrieg, der vier Jahre lang dauert und 600 000 Tote fordert. Die Nordstaaten gewinnen, und die Sklaverei wird abgeschafft.

1865 wird die erste Eisenbahnlinie vom Atlantik zum Pazifik, die *Transcontinental*, fertiggestellt

143

Der Kolonialismus

Die Europäer erobern die Welt

Schon im 15. und 16. Jh. gab es den ersten Kolonialismus der Spanier und Portugiesen (s. S. 92/93). Der zweite war im 17./18. Jh. die englisch-französische Kolonialrivalität in Indien, der Karibik und in Nordamerika. 1850 beginnen die Europäer nun mit der dritten Kolonialisierung, nämlich Afrikas, Asiens und Australiens. 1875 besitzt Europa 11% von Afrika, 1902 bereits 90%. Die Industriestaaten haben neue Absatzmärkte für ihre Produkte und ihr Kapital und holen sich Rohstoffe. Die Kolonien sind außerdem nützliche Auswanderungsgebiete für den zunehmenden Übervölkerungsdruck.

Soldaten, Missionare und Forscher

Die Errichtung neuer Niederlassungen ermöglicht die Kontrolle und Verteidigung wichtiger Seewege.

Frankreich führt in Nord-, West- und Äquatorialafrika und England in Südafrika teilweise sehr blutige Eroberungskriege. Aber auch die Belgier, Portugiesen, Deutschen, Italiener und Spanier bemächtigen sich afrikanischer Gebiete.

Den Südosten Asiens teilen sich Franzosen (Laos, Kambodscha, Vietnam), Engländer (Burma, Malaysia) und Holländer (Niederländisch-Indien). Auch China gerät in den europäischen Interessenbereich.

Anfang des 20. Jh. erstreckt sich das britische Empire über 33 Millionen km² und 490 Millionen Einwohner, was einem Viertel der Welt entspricht. Das französische Kolonialreich umfaßt 11 Millionen km² mit 50 Millionen Einwohnern.

Kanada

ATLANTISCHER OZEAN

Rußlan

Vereinigte Staaten

Saint-Pierre und Miquelon

Malta

Gibraltar

Azoren

Nord-Afrika

Libyen

Mexiko

Ägypten

Antillen

F. W. A.*

S

Ätl

Guyana

Belg. Kongo

D Os

Ascension

Brasilien

Angola

Moçam

Helena

Chile

Deutsch-Südwest-Atrika

Süd-Afrika

Argentinien

Kolonien 1914
Britisch
Französisch
Spanisch
Deutsch
Italienisch

Falkland-Inseln

* F. W. A. Französisch Westafrika
F. Ä. A. Französisch Äquatorialafrika

Die Abenteurer dringen in die unbekannten Regionen vor. Der Engländer Livingstone entdeckt den Sambesi; der Franzose Savorgnan de Brazza erforscht den Kongo und gründet Brazzaville.

Die Missionare versuchen den Völkern, die von fast allen Europäern für „minderwertig" gehalten werden, „Zivilisation" und Religion näherzubringen.

China

Korea

Japan

Schanghai

PAZIFISCHER OZEAN

Indien

Macao

Tschandarnager   Hongkong

Yanaon

Goa   Pondichéry   Indochina

Mahé   Karikal   Philippinen

Singapur

INDISCHER OZEAN   Niederländisch-Indien

Madagaskar

Reunion

Mauritius   Australien

Neuseeland

Portugiesisch

Belgisch

Holländisch

USA

Japanisch

Der Kampf um die Kolonien

In Afrika streiten sich England und Frankreich um den Sudan; Frankreich und Italien um Tunesien; Deutschland und Frankreich um Marokko. In Südafrika führen die Engländer einen dreijährigen Krieg (1899-1902) gegen die Nachkommen der niederländischen Siedler, die Buren, um die Beherrschung der Gold- und Diamantenminen. Etwa ab 1960 beginnt der letzte Akt der allgemeinen Entkolonialisierung. In rascher Folge geben die Staaten, die noch Kolonien haben (England, Frankreich, Belgien, Holland, Portugal) ihren Kolonien die Unabhängigkeit (oder diese nehmen/erkämpfen sie sich). (s. S. 168/169)

Deutschland besaß zwischen 1880 und 1918 die Kolonien (offiziell nannte man sie „Schutzgebiete") Togo, Kamerun, Deutsch-Ostafrika (das heutige Tansania) und Deutsch-Südwest (das heutige Namibia) in Afrika, Kaiser-Wilhelm-Land (Neuguinea), Bismarckarchipel, Marshall-Inseln, Nauru, Marianen, Karolinen und Palauinseln in Ozeanien, und Tsingtau/Kiautschou in China. Zu den Folgen des verlorenen 1. Weltkriegs gehörte auch der Verlust aller deutschen Kolonien.

Auf dem Weg nach Sarajevo

Im 19. Jh. wachsen in Europa allmählich immer mehr die Spannungen. Sie spitzen sich zu, bis dann alles „explodiert": diese Explosion ist der Erste Weltkrieg. Nicht der Hauptgrund dafür, aber die auslösende Hauptunruhe kommt vom Balkan, dem jahrhundertealten europäischen Krisengebiet.

Franz Joseph I. Kaiser von Österreich und König von Ungarn (1830-1916)

„Pulverfaß" Balkan

Der Balkan gilt schon immer, speziell aber im 19. und beginnenden 20. Jh., als das „Pulverfaß" Europas. Man kann das „Balkanproblem" schon bis in das 4. Jh. zu Zeiten des Oströmischen Reichs zurückdatieren. Die 395 n.Chr. dort erfolgte Teilung nach dem Tod Kaiser Konstantins erzeugte religiöse, kulturelle und soziale Zersplitterungen, die sich über die Jahrhunderte fortsetzen und sich bis in die moderne Zeit hinein auswirken. Sie wurden verstärkt durch die teilweise türkische Eroberung des Balkans im 14. Jh. und verdichten sich seit Beginn des 19. Jh. immer mehr, bis sie unter der österreichischen k.u.k.-Monarchie explosiv werden. Der Balkan steht in dieser Zeit im Spannungsfeld zwischen dem Expansionsdrang der europäischen Großmächte und den Selbständigkeitsbestrebungen.

Uniformen bestimmen das Straßenbild am Balkan

Die religiöse Trennung

Im heutigen Serbien und Albanien gewinnt die christlich-orthodoxe Religion Einfluß und die Oberhand, in den römisch-katholischen Regionen entstehen Kroatien, Slowenien und Bosnien. Nach der Türkeneroberung werden Albanien und Bosnien islamisch. Geschichtliche Ereignisse wie die Schlacht auf dem Amselfeld 1389 (und die fortdauernde Erinnerung daran) verschärfen die Spannungen zwischen den Balkanvölkern. Die jahrhundertelange Fremdherrschaft bzw. fehlende staatliche Eigenständigkeit lassen Nationalismus und Haß gegeneinander weiter anwachsen.

Die k.u.k.-Monarchie

Kaiser Franz Joseph von Österreich (er herrscht von 1848 bis 1916) war auch König von Ungarn geworden (diese österreichisch-ungarische „Doppelmonarchie" nennt man kurz k.u.k.-Monarchie). In seiner Regierungszeit, die vor allem für das Stammland Österreich eine Zeit des Aufschwungs, Wohlstands und großer kulturellen und geistiger Blüte ist, macht sich aber auch der Drang nach Eigenständigkeit vieler „Randvölker" des Vielvölkerstaats bemerkbar, so u.a. besonders der Tschechen, aber vor allem auch der Balkanvölker, von denen ein Teil, vor allem Serbien, zur k.u.k.-Monarchie gehört.

Mostar mit der um 1500 von den Türken erbauten Brücke über die Neretva

Die beiden „Balkankriege"

In zwei sehr grausam geführten Kriegen 1912 und 1913 erobern sich die Serben vom „Osmanischen" (türkischen) Reich alte Gebiete zurück. Außerdem wird die alte Feindschaft zwischen Kroaten und Serben wach. Die anderen Balkanstaaten verausgaben sich auf der einen oder anderen Seite. Im ersten Balkankrieg geht es noch um die Balkan-Einigung, im zweiten ist Bulgarien der große Verlierer gegen die eigensüchtigen Ansprüche der anderen. Weiterhin bleibt der Balkan das „traditionelle" Pulverfaß.

Daß der direkte Anlaß des Ersten Weltkriegs das Attentat von Sarajevo wird, gilt als „kein Zufall" und „fast logisch".

Der Balkan

Unter Balkan versteht man das Gebiet von der europäischen Türkei über Griechenland, Bulgarien und Rumänien bis zum in jüngster Zeit wieder auseinandergebrochenen „Vielvölkerstaat" Jugoslawien (Serbien, Bosnien, Herzegowina, Montenegro, Albanien, Mazedonien; oft wird auch noch Kroatien dazugezählt, nicht aber Slowenien). Der politisch-historische Begriff Balkan leitet sich ab von der Balkanhalbinsel bzw. dem aus mehreren parallelen Faltengebirgen in Bulgarien bestehenden Balkangebirge.

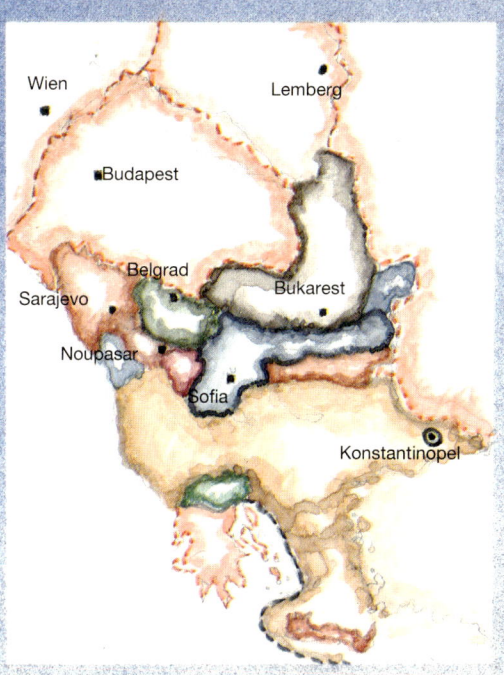

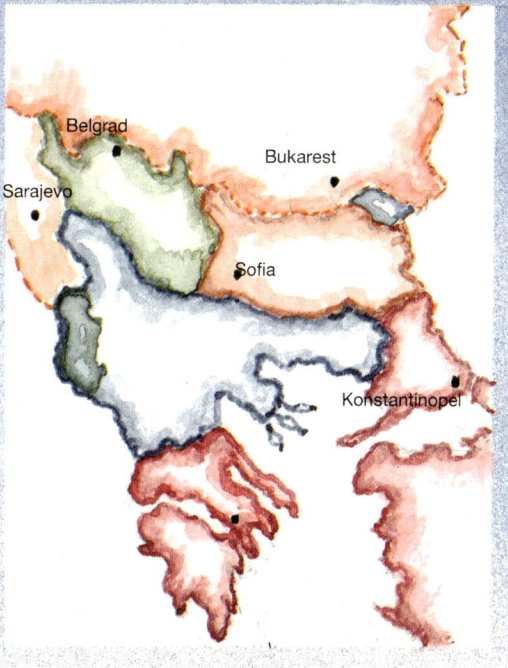

1914-1918: Der Erste Weltkrieg

Zwei Machtblöcke

1914 stehen sich aus politischen und wirtschaftlichen Gründen zwei Machtblöcke feindlich gegenüber. Auf der einen Seite bilden Frankreich, Rußland und England die *Tripelentente*, auf der anderen Seite Italien, Deutschland und Österreich-Ungarn den *Dreibund*.

Die Ermordung des österreichischen Thronfolgers Franz Ferdinand in Sarajevo am 28. Juni 1914 löst den Konflikt aus. Serbien wird verdächtigt, das Attentat angestiftet zu haben, daher erklärt Österreich Serbien den Krieg. Rußland mobilisiert, um Serbien beizustehen. Durch die Bündnisse wird ganz Europa in den Krieg verwickelt.

Die Pazifisten versagen

Im Juli 1914 treffen sich die europäischen Führer der sozialistischen Bewegungen und versuchen den Krieg zu verhindern, indem sie die Völker zum Streik auffordern. Als aber am 31. Juli der französische Sozialistenführer Jaurès in Paris ermordet wird, ziehen sie letztendlich die „Verteidigung der Heimat" vor und fügen sich in den Krieg.

Die ersten Kampfhandlungen

Am 2. August 1914 marschieren die Deutschen über Belgien in Frankreich ein; sie überrumpeln am 23. August die französischen Truppen bei Charleroi. Im September starten sie eine Offensive an der Marne und sind nur noch 40 km von Paris entfernt. Eine Woche lang stehen sich die französische und die deutsche Armee gegenüber. Die deutsche Offensive kommt zum Stehen. Aber es gelingt keiner der beiden Armeen die andere zu besiegen, und der Krieg dauert entgegen allen Erwartungen vier Jahre! Er setzt sich auch an der Ostfront gegen Rußland und an der Südfront gegen Balkan und Italien fort.

Der Stellungskrieg

Von 1914 bis 1917 liegen sich die Armeen der Westfront in den Schützengräben im „Stellungskrieg" gegenüber. Die Soldaten leben im Dreck, in der Kälte und der Angst. Die Verluste sind erschreckend hoch. Im April 1917 brechen an der französischen Front Meutereien aus. Die Soldaten glauben nicht mehr an den Krieg.

Ungeheuerliche Menschenverluste

Dies ist die traurige Bilanz einer der furchtbarsten Schlachten der Geschichte: die Schlacht um Verdun 1916, in der die Franzosen 364 000 Mann, die Deutschen 338 000 verlieren. Die großen „Materialschlachten" dieses Jahres an der Somme fordern 700 000 Gefallene bei der englisch-französischen Entente und 500 000 auf deutscher Seite.

Die Soldaten tragen Gasmasken, um sich vor den Gasangriffen zu schützen

Französische Soldaten in einem Schützengraben

Die Mobilisierung der gesamten Wirtschaft

Der Krieg dauert lange und erfordert gewaltige wirtschaftliche Anstrengungen. Die Staaten mobilisieren alle Kräfte der Zivilbevölkerung. Die Frauen arbeiten statt der Männer auf den Feldern und in den Fabriken. Um die hohen Kriegskosten bezahlen zu können, werden neue Steuern erhoben. Die Arbeiter erfahren die Rationierungsmaßnahmen, die Preisanstiege und das Elend am eigenen Leib. Es kommt zu zahlreichen Streiks.

Das Ende des Krieges

Am 2. April 1917 erklären die Vereinigten Staaten Deutschland den Krieg. Eine Million Amerikaner werden mobilisiert. Diese enorme Verstärkung bricht den Widerstand Deutschlands. Am 11. Nov. 1918 unterzeichnet es den Waffenstillstand. In vier Jahren sind 10 Millionen Menschen umgekommen, 4 Millionen sind kriegsversehrt. Frankreich hat 1,14, Deutschland 1,9 Millionen Opfer zu beklagen.

Die Russische Revolution

Ein russisches
Dorf Ende des
19. Jahrhunderts

Das Zarenreich 1914

1914 regiert Zar Nikolaus II. ein riesiges
Reich (165 Millionen Einwohner), das
mächtig, aber zugleich auch schwach ist.
Das autoritär geführte Land sieht sich
aufständischen Bürgern, Arbeitern und
Bauern gegenüber, die Reformen for-
dern. Am Vorabend des Krieges ist die
Situation auf das Äußerste gespannt. Im
Jahre 1905 war schon einmal eine Revo-
lution ausgebrochen. Der Zar hofft auf
einen Krieg, um seine Macht zu festigen.
Als im Juli 1914 Österreich Serbien den
Krieg erklärt, mobilisiert Rußland, um
Serbien Beistand zu leisten.

Wachsende Schwierigkeiten

Kriegsausrüstung und Lebensmittelversor-
gung sind ungenügend. Im Verlauf des
Winters 1915/1916 lassen die ständigen
Niederlagen der russischen Armee die Un-
fähigkeit der Regierenden erkennen. Die
Verluste sind gewaltig. Das Volk verliert
das Vertrauen. Es gibt häufig Streiks, die
Regierung gerät in immer schärfere Kritik.

Februar 1917: Der Zar wird gestürzt

Im Februar 1917 gibt es Massendemon-
strationen gegen das Elend in St. Petersburg. Der Generalstreik wird ausgerufen.
Die Soldaten verweigern den Gehorsam
und schließen sich den Aufständischen
an. Innerhalb weniger Tage zerbricht das
Zarenreich. Der Zar dankt ab. Die provisorische Regierung setzt sich aus Bürgern und Adeligen zusammen, hat allerdings nur wenig Macht. Daneben organisieren sich Soldaten, Arbeiter und Bauern in Ratsversammlungen, den sogenannten *Sowjets*.

Lenin und die Bolschewiken

Die provisorische Regierung führt die erwarteten Reformen nicht durch. Lenin und seine Anhänger, die *Bolschewiken*, die eine Minderheit in den Sowjets darstellen, werden durch den Slogan berühmt: „Frieden, Land für die Bauern und Kontrolle in den Fabriken durch die Arbeiter". Lenin behauptet, daß eine zweite Revolution notwendig ist.

Lenin

Die Oktoberrevolution von 1917

Aus Angst vor revolutionären Unruhen erläßt die provisorische Regierung Haftbefehle gegen die Führer der Bolschewiken. Lenin beauftragt nun Trotzki, in St. Petersburg einen Aufstand zu organisieren, der dann auch am 25. Oktober ausbricht. Innerhalb eines Tages übernehmen die Bolschewiken die Macht. Lenin verteilt sofort das Land an die Bauern und verspricht den Frieden.

Bürgerkrieg und Diktatur

Der Bürgerkrieg bricht 1918 aus und dauert drei Jahre lang. Ehemalige zaristische Generäle stellen mit militärischer Hilfe der Alliierten die „weißen Truppen" auf und wollen die Bolschewiken vertreiben. Es kommt zu blutigen Kämpfen. 1921 werden die „Weißen" von der „Roten Armee", die Trotzki aufgestellt hat, vernichtend geschlagen. Um sich zu behaupten, muß das Regime jedoch eine Geheimpolizei, die Tscheka, schaffen, die jegliche Opposition unterdrücken soll. Im März 1918 gründen die Bolschewiken die kommunistische Partei. Ab 1919 existiert in Rußland eine totale Diktatur.

Das Land ist zerrüttet

1920 ist Rußland durch den Krieg und die innerstaatlichen Kämpfe vollkommen zerrüttet. Seit 1914 hat es 14 Millionen Menschen verloren. Es herrscht großes Elend. Der harte Winter 1920/21 und die Dürre des darauffolgenden Sommers verderben die Ernte. Die Hungersnot fordert 5 Millionen Opfer.

Die Eroberung des Winterpalastes im Oktober 1917

Die Zwanziger Jahre

Die westliche Gesellschaft, die durch den ersten Weltkrieg und die russische Revolution schwer erschüttert wurde, sucht sich nun einen neuen Weg. Ab 1920 macht sie tiefgreifende Umwälzungen durch. Fortschritt und Aufschwung lassen gesicherten Wohlstand erwarten. Das nennt man die „goldenen Zwanziger".

Die Friedensregelung

An der Friedenskonferenz, die 1919 in Paris stattfindet, nehmen 32 Staaten teil. Aber in Wirklichkeit spielen nur die vier Großmächte eine Rolle: Frankreich, Italien, Großbritannien und die Vereinigten Staaten. Der *Vertrag von Versailles* ist für Deutschland demütigend: Es muß große Gebiete abtreten; außerdem verliert es seine Armee und die Kolonien und muß Reparationen bezahlen. Auch seine Verbündeten Österreich-Ungarn und die Türkei werden vollkommen zerstückelt. Damit kommt es zu einer Neuaufteilung Europas.

Revolutionäre Bewegungen

Die revolutionäre Bewegung breitet sich von Rußland ausgehend über ganz Europa aus. Von 1918 bis 1924 tragen die sozialen Kämpfe die Revolte gegen das Elend und den Wunsch nach einem besseren Leben nach den Leiden des Krieges auch nach Deutschland, Ungarn, England, Frankreich und Italien. Doch alle Revolutionsversuche außerhalb Rußlands mißlingen.

Eine neue Landkarte
Es entstehen neue Staaten: Tschechoslowakei, Österreich, Ungarn, Estland, Lettland, Litauen; Polen wird wiederhergestellt. Einige Länder vergrößern sich, wie Rumänien, andere werden kleiner, wie Bulgarien. Diese Veränderungen erschüttern die europäische Politik und Wirtschaft; die neuen Grenzen bleiben umstritten.

Eine neue industrielle Revolution

Das Automobil
Seit der Erfindung des *Explosionsmotors* erfährt die Automobilindustrie eine rasante Entwicklung. Die Anzahl der Autos auf der Welt steigt unaufhörlich an: 1914 gibt es 1,8 Millionen und 1923 15 Millionen Automobile.

Weibliche Keckheit und neue Mode

Die Frau nimmt einen neuen Platz in der Gesellschaft ein. Sie erhält in Rußland, Großbritannien und Deutschland das Wahlrecht. Sie unterstreicht ihren Wunsch nach Unabhängigkeit. Ihr Auftreten wird selbstbewußt: Die Kleider werden kürzer und lockerer, Schlankheit ist das neue Schönheitsideal, der kurzgeschnittene „Bubikopf" wird Mode, Frauen treiben Sport, rauchen, fahren Auto und arbeiten. Dieser moderne und emanzipierte Frauentyp wird „Garçonne" genannt (wörtlich „Knäbin").

Die moderne Kunst

Zu Beginn des 20. Jahrhunderts sagen sich die Künstler, also Maler, Bildhauer, Musiker, von den alten Traditionen los. Sie begehren dagegen auf und lassen ihrer Phantasie freien Lauf. Die *Fauvisten*, wie Matisse, drücken ihre Empfindungen mit den Farben aus, die *Kubisten*, wie Picasso oder Braque, durch die meist geometrische Form. In Deutschland blüht der Expressionismus auf. *Dadaismus* und *Surrealismus* sind weitere internationale Kunstströmungen.

Das Flugzeug

Der Mensch fährt in der Eroberung der Lüfte fort. Durch den Krieg kommt es zu spektakulären Fortschritten in der Luftfahrt. 1927 überquert der Amerikaner Lindbergh den Atlantik ohne Zwischenlandung.

Die Elektrizität

Die sich überall verbreitende Verwendung des elektrischen Stroms verändert alle Lebensbedingungen entscheidend. Er ersetzt Gas und Petroleum als Lichtquelle in den Häusern.

Die Weltwirtschaftskrise

Der amerikanische Wohlstand
Die finanzielle und industrielle Macht der Vereinigten Staaten wird nach dem Ersten Weltkrieg noch größer. Die amerikanische Regierung fördert die Geschäftswelt, das „Business".
Es entstehen riesige Unternehmen, die *Trusts*. Der Dollar ist König. Der Lebensstandard eines Großteils der Bevölkerung verbessert sich. Man kann auf Kredit Autos, Radios oder Waschmaschinen kaufen. Das ist der „American Way of Life". Aber Einwanderer, Farbige, Bauern und Arbeiter der alten Industrien bleiben davon ausgeschlossen.

Während der Jahre des Wohlstandes bricht in den Vereinigten Staaten ein wahres Baufieber aus. Es werden immer höhere Wolkenkratzer gebaut

Panik an der Börse
Am Freitag, dem 25. Oktober 1929 (dem Schwarzen Freitag) wird Amerika von einer schweren Finanzkrise erschuttert, ausgelöst durch eine starke Baisse (panikartiger Verkauf von Aktien). Die Aktienkurse an der Börse von New York (Wall Street) sinken schlagartig. Viele tausend Banken und Betriebe gehen in Konkurs. Landwirtschaft, Industrie und Handel werden zutiefst erschüttert. Es kommt zu einer Massenarbeitslosigkeit. Millionen Arbeiter verlieren ihre Arbeit.

Weltweite Auswirkungen

Die Krise, die ab 1929 die Vereinigten Staaten erschüttert, greift auf Europa und die rohstoffexportierenden Länder über. Die amerikanischen Banken gewähren dem Ausland keine Anleihen mehr und versuchen die gewährten Kredite zurückzufordern. Überall sinkt der Umsatz; die Produktion muß reduziert, die Vorräte müssen angegriffen werden.

Die Folgen der Krise

Überall herrscht Arbeitslosigkeit. Nach den Vereinigten Staaten mit 12 Millionen Arbeitslosen 1932 ist Deutschland mit fast 7 Millionen Arbeitslosen am meisten betroffen. Die Wirtschaftskrise führt zu einer politischen Krise; es entstehen Diktaturen in Deutschland und Italien.

In den Straßen werden die Warteschlangen der Arbeitslosen während der kostenlosen Brotverteilung immer länger

Suche nach Lösungen

Jedes Land entwickelt eine Politik, die Beschäftigung wieder in Schwung zu bekommen und die Arbeitslosigkeit zu beseitigen. Staatliches Eingreifen zur Kontrolle und Organisation der Wirtschaft ist nötig. In den USA verkündet der 1932 gewählte Präsident Roosevelt die Politik des *New Deal*. Um die Preise in der Landwirtschaft zu stabilisieren, werden die Bauern subventioniert, damit sie die Produktion einschränken. Die Konkurrenz zwischen den Betrieben wird gesteuert. Großprojekte werden gestartet. In Europa bewirkt nur die Wiederaufrüstung in Erwartung des nächsten Krieges die Wiederankurbelung der Wirtschaft.

Großprojekte im Tennessee-Tal: Man will das Tal bewirtschaften und die Arbeitslosen beschäftigen

Rußland unter Stalin

Lenins Erbe

1924 stirbt Lenin. Trotzki und Stalin erheben Anspruch auf die Nachfolge. Dank der Unterstützung durch die kommunistische Partei und geschicktere Taktik verdrängt Stalin Trotzki. Er erstickt jede Diskussion und jede Debatte innerhalb der Partei. Es gibt keine Opposition; es hat Einstimmigkeit zu herrschen.

Die Industrialisierung der UdSSR

Stalin ist die Industrialisierung das Wichtigste. Er führt Arbeitspläne über fünf Jahre ein (die *Fünfjahrespläne*). Er will die UdSSR in ein mächtiges und unabhängiges Industrieland verwandeln. Der erste Fünfjahresplan (1928-1932) gilt vor allem der Schwerindustrie. Riesige Fabriken werden errichtet. Die Arbeiterklasse wird gefördert und gerühmt. Die Produktion verdreifacht sich in diesen fünf Jahren und bringt die UdSSR in die Reihe der großen Industriestaaten.

Um Stalin entwickelt sich ein Personenkult. Überall werden Porträts des „genialen Genossen Stalin" aufgehängt.

Es werden Gedichte und zahlreiche Artikel über den Ruhm Stalins geschrieben.

Der große Terror

Die neue sowjetische Gesellschaft entsteht aber nicht reibungslos. Gegen jeglichen Widerstand geht die stalinistische Regierung mit brutaler Gewalt vor. Schlimme Verfolgungen durch die linientreue Staatspolizei werden immer häufiger. In der Partei und Armee gibt es zahlreiche Verhaftungen und Hinrichtungen. Eine Million Menschen kommen um, und zehn Millionen werden ohne gerichtliche Verurteilung in Arbeitslager, die sog. *GULAG*s, geschickt. Diese *„Säuberungsaktionen"* können trotzdem das herrschende Regime nicht festigen.

In großen Schauprozessen werden kommunistische Führer, ehemalige Genossen Lenins, des Hochverrats beschuldigt

Ein Verhör durch die Staatspolizei GPU (sie existiert von 1922 bis 1934)

Die Zwangskollektivierung

Auf dem Land widersetzen sich die Großbauern, die *Kulaken*, den *Kollektivierungsmaßnahmen*, nämlich der allgemeinen Bewirtschaftung der Felder unter staatlicher Kontrolle. Sie weigern sich, ihr Stück Land abzugeben, um sich in Großbetrieben, den *Kolchosen* und *Sowchosen*, zusammenzuschließen. 1929 führt Stalin die Kollektivierung durch, die die landwirtschaftliche Produktion steigern soll. Die Bauern erheben sich. Die Auseinandersetzungen fordern insgesamt 15 Millionen Tote. Zwischen 1929 und 1933 werden 5 Millionen Menschen deportiert.

Ein Plakat, das die Wohltaten der Kollektivierung der Landwirtschaft rühmt

Der Nationalsozialismus

Im November 1923 ist ein Dollar 5 Billionen Mark wert!

Zum Einkaufen muß man Körbe voll Papiergeld mitnehmen

Hitler kommt an die Macht
Die Folgen der Weltwirtschaftskrise und die dadurch fast 7 Millionen Arbeitslosen in Deutschland nützen der nationalsozialistischen Partei. Sie bedient sich der Propaganda und Gewalt und rechnet mit der Angst und Verzweiflung der Menschen. Bei den Wahlen von 1932 erhält sie mehr als ein Drittel der Stimmen. Am 30. Januar 1933 führt die politische Situation dazu, daß Reichspräsident v. Hindenburg Hitler zum Reichskanzler ernennt.

Deutschland liegt am Boden
Die Niederlage von 1918 führt zum Ende des Kaiserreichs. Die Republik wird ausgerufen. Die wirtschaftliche Lage ist katastrophal. Deutschland liegt durch die Schulden, die ihm der Versailler Vertrag auferlegt hat, am Boden. Die Kriegs- und Reparationsschulden führen zu einer Inflation irrwitzigen Ausmaßes. Das Land spaltet sich, bürgerkriegsähnliche Zustände beginnen. Den konservativen Kräften (Adel, Militär, Industrielle, Nationalisten) steht eine linke Opposition aus Sozialdemokraten und Kommunisten gegenüber. Die politische Lage wird immer instabiler.

Der Aufstieg der NSDAP
Die Wirtschaftskrise seit 1929 begünstigt den Aufstieg der NSDAP. Diese rechtsextreme Partei, 1919 gegründet, seit 1921 von Hitler geführt, hat das Hakenkreuz als Symbol, ein Sonnenzeichen der Antike. Sie zieht alle an, die mit der Republik unzufrieden oder Gegner des Kommunismus sind. Die Nationalsozialistische Deutsche Arbeiterpartei ist rassistisch, antisemitisch und nationalistisch. Sie verspricht, die Arbeitslosigkeit zu bekämpfen und den Versailler Vertrag zu revidieren.

Die Diktatur

Von Anfang an regiert Hitler diktatorisch. Die NSDAP wird einzige Staatspartei, die anderen Parteien und die Gewerkschaften werden verboten. Gegner, wie Sozialdemokraten und Kommunisten, werden verhaftet. Sie werden für die Kriegsniederlage und die Krisen danach verantwortlich gemacht. Bald beginnt auch die Judenverfolgung. Hitlers Machtapparat ist vor allem die Gestapo (Geheime Staatspolizei). Die NS-Propaganda bedient sich aller Medien: der Presse, des Rundfunks und des Films.

Es finden Bücherverbrennungen von Werken statt, die für „zersetzend" und „undeutsch" gehalten werden

Das „Staatsmotto" wird der Satz „Ein Volk, ein Reich, ein Führer!" Hitler erklärt sich zum Sprachrohr des Denkens und Willens des deutschen Volkes. Er hetzt die Massen auf. Die Jugend wird im „Jungvolk" (ab 10) und in der Hitlerjugend (ab 14) erfaßt.

Die deutsche Wiederaufrüstung

Die Wirtschaft wird durch Großprojekte (wie dem Autobahnbau) und die Entwicklung der Metall- und chemischen Industrie wieder angekurbelt. Die Arbeitslosenzahlen werden durch die Rüstung vermindert; „Arbeit und Brot für alle" heißt der verharmlosende Slogan dafür. Obwohl es der Versailler Vertrag eigentlich untersagt, macht sich Deutschland wieder zu einer starken Militärmacht. Ab 1936 rüstet Hitler ausdrücklich für den Krieg.

Der Weg in den Krieg

Der Völkerbund versagt

Um den Frieden zu garantieren, gründen die Alliierten 1919 den Völkerbund. Er soll Schiedsrichter bei Streitigkeiten zwischen den Staaten sein. Aber in Wirklichkeit ist er ein Klub der Großmächte. Die USA sind nicht Mitglied, und die Besiegten bleiben ausgeschlossen. Ohne Truppen kann der Völkerbund seine Entscheidungen nicht durchsetzen. Die internationalen Konferenzen können weder die Frage der Abrüstung noch die Rivalitäten der Nationen regeln. Die Kriegsgefahr wächst.

Die Expansionspolitik

Hitlers Ziel ist, alle von Deutschen bewohnten Gebiete „heim ins Reich" zu führen und zusätzlich „Lebensraum" zu gewinnen. Am 12. März 1938 marschieren deutsche Truppen in Österreich ein, das ein Teil des „Großdeutschen Reiches" wird. Dies ist der *Anschluß*, den der Versailler Vertrag untersagt hatte. Im September 1938 erhebt Hitler auch Anspruch auf die Grenzgebiete der Tschechoslowakei, in denen 3 Millionen Deutsche leben. Mit dem *Münchner Abkommen*, an dem außer Italien auch Frankreich und England beteiligt sind, erhält Deutschland das Sudetenland. Im März 1939 annektiert Hitler daraufhin die ganze Tschechoslowakei als „Reichsprotektorat Böhmen und Mähren".

Am 15. März 1939 marschieren deutsche Truppen in Prag ein

Ein Treffen zwischen Mussolini und Hitler

Mussolini führt ebenfalls eine Expansionspolitik. Im Oktober 1935 besetzen italienische Truppen Äthiopien.

Die Diktaturen dominieren

In Italien übernimmt 1922 Mussolini mit Hilfe von Kampfbünden, die sich *Faschisten* nennen, die Macht und errichtet die erste Diktatur als *Duce* (=Führer). Hitler und Mussolini verbünden sich, gründen 1936 die „Achse" Berlin-Rom und greifen in den spanischen Bürgerkrieg ein, wo sie den Aufstand General Francos unterstützen, der später die dritte europäische Diktatur als *Caudillo* (=Führer) errichtet.

„Lebensraum" und „Heim ins Reich" sind zwei Schlagworte Hitlers zur Rechtfertigung seiner Expansionspolitik. Den zusätzlichen „Lebensraum für die germanische Rasse" sucht er dabei vor allem in Osteuropa

Japan betreibt ebenfalls eine Expansionspolitik um Einfluß und Rohstoffe. 1931 ist bereits die Mandschurei besetzt worden, jetzt folgt 1937 die Besetzung des Nordostens Chinas mit dem Ziel der Ergänzung des japanischen Verwaltungsgebiets Korea (seit 1919).

Die Schwäche der Demokratien

Von 1929 bis 1939 haben die westlichen Demokratien große wirtschaftliche Probleme. In England wirkt die Rezession weiter, in Frankreich regiert als Reaktion auf die faschistische Gefahr eine *Volksfront* (Bündnis aller linken Parteien), der es jedoch nicht gelingt, der Wirtschaft Impulse zu geben. Die USA sind mit ihren eigenen Problemen beschäftigt und unterschätzen die Kriegsgefahr. Auch für sie ist vorläufig der Kommunismus der Hauptfeind. Viele glauben, daß Hitler Europa durch einen Krieg gegen die UdSSR vom Bolschewismus befreien kann. Daher herrscht große Verblüffung, als Hitler und Stalin 1939 den *deutsch-sowjetischen Nichtangriffspakt* schließen.

1939-1945: Der Zweite Weltkrieg

Die Blitzkriege Deutschlands
- **1. September 1939:**
Die deutsche Armee marschiert in Polen ein und entfesselt damit den Zweiten Weltkrieg. In einem ersten „Blitzkrieg" ist Polen besiegt und wird zwischen Deutschland und der UdSSR aufgeteilt.
- **April 1940:**
Dänemark und Norwegen werden besetzt, um geplanten englischen Landungen dort vorzubeugen.
- **Mai 1940:**
Der deutsche Angriff auf Frankreich beginnt - durch Holland, Belgien und Luxemburg unter Umgehung der französischen Maginotlinie.
- **Juni 1940:**
Am 14. Juni marschiert die deutsche Armee in Paris ein, am 22. Juni wird der Waffenstillstand geschlossen. Frankreich ist besiegt, doch von London aus ruft General de Gaulle zum weiteren Widerstand auf.

Der Krieg erfaßt die ganze Welt
- **April 1941:**
Hitler kommt Italien im Mittelmeerraum zu Hilfe, besetzt Jugoslawien und dann auch Griechenland.
- **Juni 1941:**
Hitler bricht den deutsch-sowjetischen Pakt und beginnt den Rußlandfeldzug, der anfangs ein Siegeszug über die schlecht vorbereitete Rote Armee ist. Doch mit dem Einbruch des besonders harten Winters 1941/42 wendet sich das Blatt. Im Pazifik verstärkt inzwischen das mit Deutschland verbündete Japan seine Expansionspolitik, die sich zunehmend am amerikanischen Einfluß in Asien stößt. Die japanisch-amerikanischen Spannungen nehmen zu.
- **7. Dezember 1941:**
Die japanische Luftwaffe zerstört die amerikanische Flotte in Pearl Harbor. Die USA erklären Japan den Krieg, Deutschland bündnishalber den USA. Jetzt herrscht wirklich Welt-Krieg.

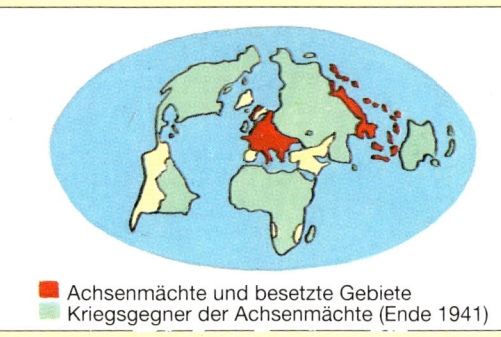

■ Achsenmächte und besetzte Gebiete
■ Kriegsgegner der Achsenmächte (Ende 1941)

Stalingrad
Die deutsche 6. Armee stößt vor Stalingrad auf heftigen russischen Widerstand. Seit dem Sommer 1942 stecken die deutschen Truppen dort fest und sind außer der Winterkälte auch dem Widerstand von Partisanen ausgeliefert. Die Versorgung wird schwierig, die 6. Armee wird eingekesselt und vernichtet (2. Februar 1943). Hitler hat ausdrücklich jeden Rückzug untersagt. Stalingrad ist die schwerste deutsche Niederlage des 2. Weltkriegs. Sie ist das markante Symbol für die Wende des Krieges und hat weitreichende Folgen.

Die Gegenoffensiven der Alliierten

- **1942:**

Seit Ende des Jahres werden die Achsenmächte an allen Fronten aufgehalten. England erringt Siege in Ägypten und Libyen, landet zusammen mit den Amerikanern in Algerien und Marokko. Die Alliierten erkämpfen sich die Kontrolle in Nordafrika. Im Pazifik erleiden die Japaner nach Anfangs-Siegen eine erste empfindliche Niederlage in der Schlacht um die Midway-Inseln.

- **1943:**

In Italien wird Mussolini gestürzt und Waffenstillstand geschlossen. An der Ostfront erobert die Rote Armee die westlichen Gebiete der UdSSR zurück und stößt nach Osteuropa vor.

- **1944:**

Am 6. Juni beginnt die alliierte „Invasion": Landung in der Normandie. Am 31. Juli wird die deutsche Front durchbrochen, am 25. August Paris befreit.

Die „Invasion": Alliierte Landung in der Normandie am 6. Juni 1944

Sieg der Alliierten

- **1945:**

Die deutschen Truppen müssen an allen Fronten zurückweichen.
Januar: Die sowjetische Armee nimmt Warschau ein.
April: Englische, amerikanische und sowjetische Truppen treffen sich an der Elbe. Deutschland ist besetzt. Am 30. April 1945 begeht Hitler Selbstmord.
7./8. Mai: Bedingungslose Kapitulation Deutschlands.
August: Die Amerikaner werfen die ersten beiden Atombomben der Geschichte auf Hiroshima (6. August) und Nagasaki (9. August).
2. September: Bedingungslose Kapitulation Japans.

Der Zweite Weltkrieg ist zu Ende. Er hat fast 50 Millionen Opfer gefordert, davon allein 30 Millionen in Europa.

Atompilz

„Endlösung" und Widerstand

Die Konzentrationslager

Die deutschen Gegner des nationalsozialistischen Regimes sind schon seit 1933 in „Konzentrationslagern" (KZ) interniert worden. Die Gefangenen müssen dort bei wenig Nahrung hart arbeiten und werden auch drangsaliert und mißhandelt. Im Krieg dienen die KZ dann vor allem der Durchführung der „Endlösung (der Judenfrage)". So nennt man die rassistische und antisemitische NS-Politik, die „die Ausrottung des Judentums" zum Ziel hat und 1942 beschlossen wird. (Auch die Zigeuner gehören zum „unwerten Leben", ein Schlagwort, mit dem auch schon vor dem Krieg in Deutschland selbst die „Euthanasie", die Tötung geistig Behinderter, durchgeführt wurde.)

Einige Lager wie Auschwitz und Treblinka werden im Zuge dieses Programms zu ausgesprochenen Vernichtungslagern, in denen Menschen vergast und dann verbrannt werden. Dieser *Genozid* (Völkermord) fordert Millionen Opfer und ist in dieser extremen und konsequenten Form und vor allem in seiner Größenordnung in der Geschichte beispiellos. Er belastet den Namen Deutschlands mit Schande.

Das besetzte Europa

Die zunächst von Deutschland besiegten und besetzten europäischen Länder werden mit in den Dienst der deutschen Kriegswirtschaft gestellt. Arbeitskräfte werden aus ihnen nach Deutschland geholt, zum Teil freiwillig, zum Teil zwangsverpflichtet, auch die Rohstoffe werden ausgebeutet, die Ernten teilweise konfisziert. In den besetzten Ländern beginnt sich Widerstand zu regen, besonders als sich das Kriegsglück zu Ungunsten Deutschlands zu wenden beginnt. Überall versuchen Widerstandszellen oder Partisanen durch Sabotageakte, Kampf und Agitation die deutsche Besatzungsmacht zu schwächen.

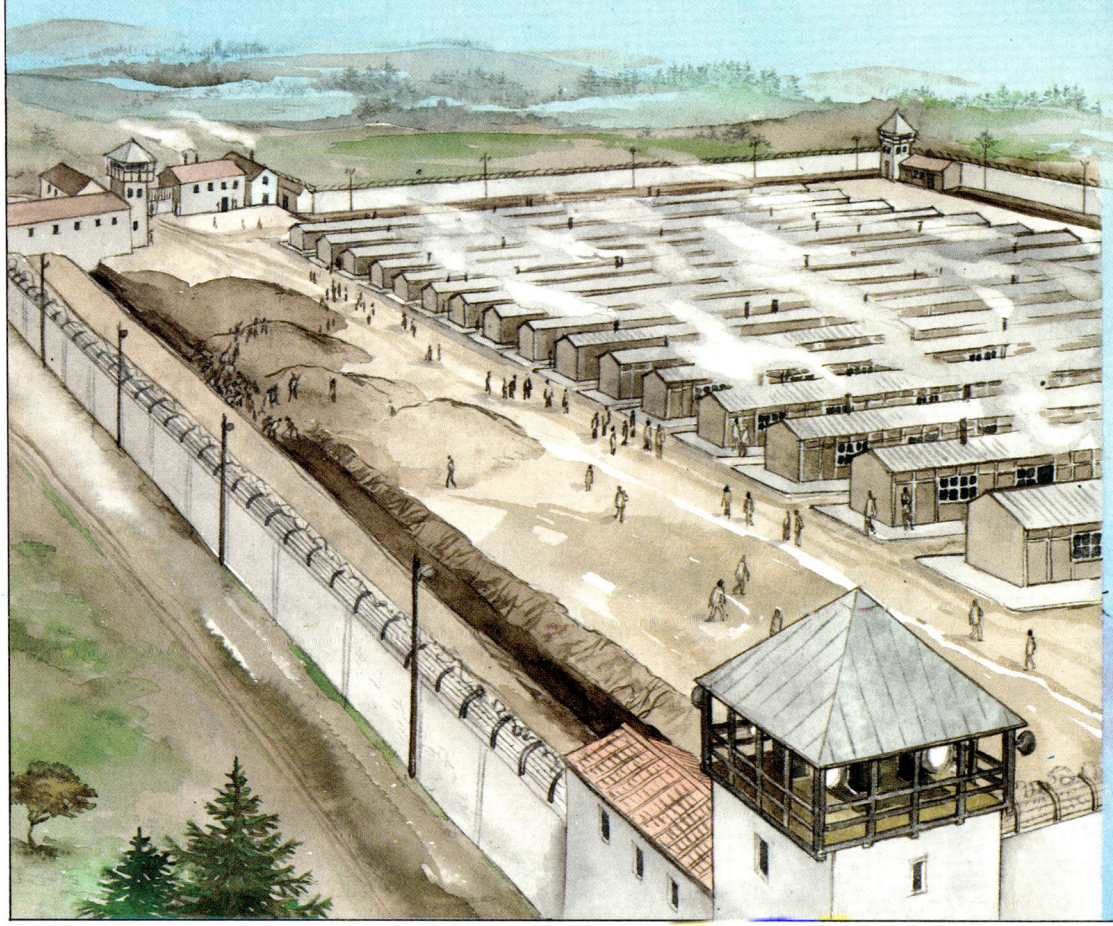

"Wollt ihr den totalen Krieg?"
fragt Goebbels in einer Rede

Der deutsche Widerstand

Auch in Deutschland selbst gibt es inneren Widerstand gegen das NS-Regime und den Krieg. Mehrere Attentatsversuche gegen Hitler mißlingen allerdings, so schon 1938 im Münchner Bürgerbräukeller und dann vor allem am 20. Juli 1944. Ein Offizier, der im Auftrag der militärisch-politischen Widerstandsbewegung handelt, Oberst von Stauffenberg, plaziert eine Bombe neben Hitler in seinem Hauptquartier in Ostpreußen, doch Hitler kommt mit dem Leben davon. Studenten, wie der Kreis der „Weißen Rose" um Sophie Scholl in München, warnen mit Flugblättern vor der Katastrophe und werden hingerichtet.

Der totale Krieg

In seiner Endphase wird der Zweite Weltkrieg erstmals in der Geschichte nicht mehr nur von Soldaten an der Front geführt. Auch die Zivilbevölkerung wird in Mitleidenschaft gezogen. Das Wort von der „Heimatfront" wird anders, als es ursprünglich gemeint war, Wirklichkeit. 1943 hat Propagandaminister Goebbels den „totalen Krieg" verkündet, der Luftkrieg weitet sich zur Flächenbombardierung deutscher Städte aus, die sog. „Wunderwaffen" Deutschlands (die ersten Raketen) können nichts mehr daran ändern, daß das erschöpfte Deutschland im Chaos der Zerstörung und Niederlage versinkt.

Oberst Stauffenberg
versucht das Attentat
vom 20. Juli

Sophie Scholl, eine junge
Studentin, wird mit ihren
Freunden der „Weißen
Rose" wegen ihres Widerstands hingerichtet

Sabotageakt:
Ein Zug wird
zum Entgleisen
gebracht

165

Der Kalte Krieg

Die zwei Supermächte

Nach dem Sieg wird die UN gegründet, und in Potsdam treffen sich die drei Siegermächte USA, UdSSR und Großbritannien, die schon im Februar in Jalta auf der Halbinsel Krim konferierten, zu einer weiteren Konferenz über das Schicksal Deutschlands. Sie beschließen die „Aussiedlung" (die aber zur Vertreibung wird) der Deutschen aus Osteuropa und die Nürnberger Prozesse, mit denen die nationalsozialistischen Kriegsverbrecher abgeurteilt werden sollen. Sie teilen Deutschland in vier Besatzungszonen ein (auch Frankreich bekommt eine) und versuchen sich über die Zukunft ganz Europas zu einigen. Sehr bald entstehen Interessenkonflikte.

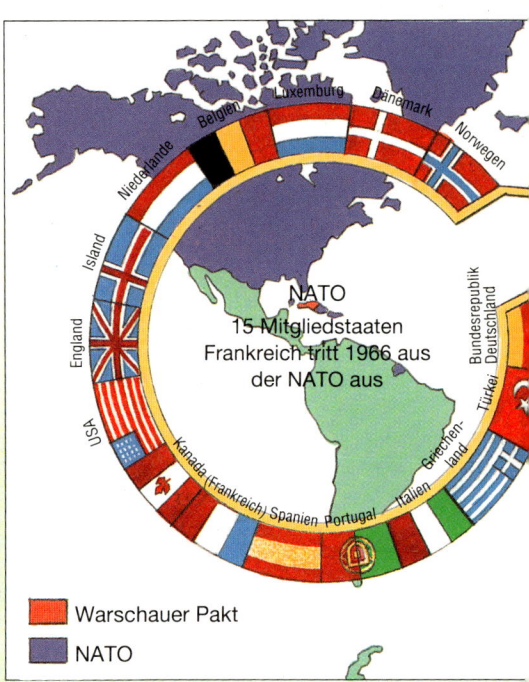

NATO
15 Mitgliedstaaten
Frankreich tritt 1966 aus
der NATO aus

Warschauer Pakt
NATO

Churchill, Roosevelt und Stalin in Jalta

Die Teilung Europas

In den sowjetisch besetzten osteuropäischen Ländern veranlaßt die UdSSR die Machtübernahme durch die kommunistischen Parteien. Diese Länder nennen sich jetzt „Volksrepubliken" und werden diktatorisch regierte Vasallenstaaten. Die USA beschließen ein Programm der Wirtschaftshilfe für Europa, nicht zuletzt in der Absicht, der Ausbreitung des Kommunismus entgegenzuwirken. Mit dem *Marshallplan* bieten sie finanzielle Hilfe an. Die westlichen Länder bedienen sich ihrer, die UdSSR und der „Ostblock" lehnen sie ab. Die Teilung Europas vollzieht sich. Churchill spricht von einem *Eisernen Vorhang*, der sich niedergesenkt habe.

Die UNO

Die United Nations Organization (Vereinte Nationen, UNO, heute allgemein nur noch UN genannt) wird am 26. Juni 1945 in San Francisco gegründet. Ihren Hauptsitz hat sie in New York. Über 160 Staaten sind heute Mitglied. Sie ist als Nachfolgeorganisation des Völkerbunds um die Erhaltung des Weltfriedens und der internationalen Zusammenarbeit bemüht. Sie verfügt über eigene Friedenstruppen, die *Blauhelme*. Ihr Entscheidungsorgan ist der Sicherheitsrat.

Das Wettrüsten

Rechts sowjetische Rakete; links amerikanische Rakete

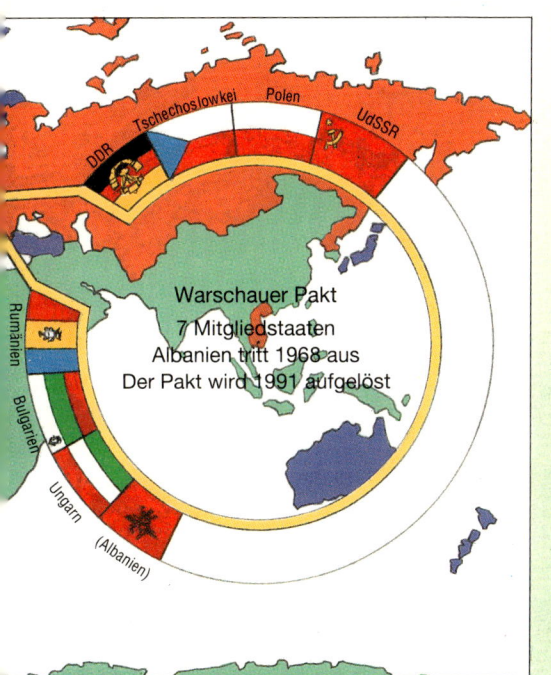

Warschauer Pakt
7 Mitgliedstaaten
Albanien tritt 1968 aus
Der Pakt wird 1991 aufgelöst

Die Berliner Mauer
Sie wird am 13. August 1961 von den prosowjetischen Machthabern der DDR errichtet. Ihr Zweck ist es, die Bevölkerung Ostdeutschlands daran zu hindern, in den Westen zu flüchten.

NATO und Warschauer Pakt
Seit 1947 ist der Bruch zwischen den beiden rivalisierenden Blöcken endgültig. 1949 wird Deutschland geteilt. Im Westen wird die Bundesrepublik Deutschland gegründet und im Osten die Deutsche Demokratische Republik (DDR). Beide Staaten werden in Bündnisblöcke eingebunden: die Bundesrepublik in die westliche, 1949 entstandene NATO, die DDR in den 1955 gegründeten Warschauer Pakt. (NATO = North Atlantic Treaty Organization, Nordatlantikpakt).

Krisen und Wettrüsten

Seit 1949 besitzt auch die UdSSR Atomwaffen. Damit ist das „Gleichgewicht des Schreckens" zwischen Ost und West hergestellt. Zur Aufrechterhaltung dieses Zustandes praktizieren beide Seiten ein immer sinnloser (und teurer) werdendes Wettrüsten. Beide Seiten versuchen ihren Einflußbereich zu erweitern, gehen dabei aber nie soweit, daß es zur direkten Konfrontation zwischen ihnen kommen kann. Das erste Beispiel ist die *Berliner Blockade* 1948 (spätere: Mauerbau Berlin und Kubakrise 1962). Für diesen Zustand wird die Bezeichnung *Kalter Krieg* geprägt. Er ist aber auch durch eine Anzahl begrenzter „heißer" Konflikte, sog. Stellvertreterkriege, gekennzeichnet: Koreakrieg 1950-53, Kämpfe in Laos und Kambodscha, Vietnamkrieg ab 1964 (der mit einer schmerzlichen Niederlage für die USA endet).

Die Entspannung

Nach und nach wächst die Einsicht, daß es zu einer Entspannung zwischen den beiden Blöcken kommen muß. 1959 treffen sich die Staatschefs der USA und der UdSSR, Eisenhower und Chruschtschow, erstmals unter der Parole der *friedlichen Koexistenz*, aber erst 1963 kommt es zu den ersten Vereinbarungen über eine gegenseitige Rüstungskontrolle. Die eigentliche „Entspannung" erfolgt dann in den 70er und vor allem 80er Jahren allmählich.

Die Entkolonialisierung

Der Einfluß schwindet

Der Zweite Weltkrieg hat die Kolonialmächte sehr geschwächt. Die Kolonien, die sich immer weniger der europäischen Gewalt fügen wollen, kämpfen für die Anerkennung ihres Rechts auf Selbstbestimmung. Die Unabhängigkeit wird gefordert. Die UNO ermutigt sie, und sie werden auch von den USA und der UdSSR, Gegnern der Kolonisation, unterstützt.

Die Entkolonialisierung in Asien

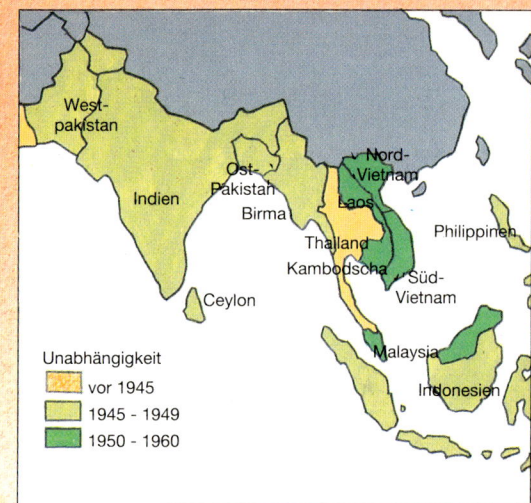

Unabhängigkeit
- vor 1945
- 1945 - 1949
- 1950 - 1960

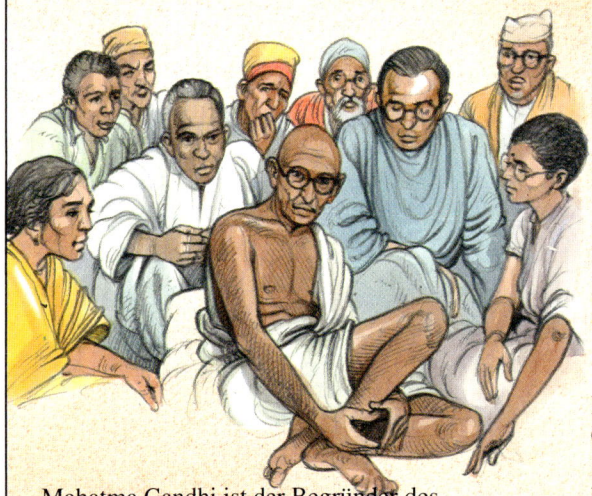

Mahatma Gandhi ist der Begründer des Prinzips des gewaltlosen Widerstandes, das er gegen die englische Besatzung in Indien praktizierte.

England beginnt damit, die Kolonien in die Unabhängigkeit zu entlassen. 1947 erhält Indien nach den Verhandlungen mit den Nationalisten seine Unabhängigkeit. Es entstehen zwei Staaten: die Republik Indien und Pakistan. Ceylon wird 1947 unabhängig, Birma 1948 und Malaysia 1957.

In Indonesien wird die Entkolonialisierung mit Gewalt durchgesetzt. Die Niederlande wollen die 1945 proklamierte Unabhängigkeit von „Niederländisch-Indien", nicht akzeptieren und versuchen es zurückzuerobern. Aber mit Hilfe der USA und der UNO setzt das neue Land Indonesien 1949 seine Freiheit durch.

Der Indochina-Krieg

1945 verkündet Ho Chi Minh, der Führer der kommunistischen Partei von Indochina, die Unabhängigkeit Vietnams (eines Teils von Indochina). Frankreich aber will auf das Land nicht verzichten und beginnt 1946 den Indochina-Krieg. Nach erbitterten Kämpfen mit vietnamesischen Guerillakämpfern, die nach 1949 auch Unterstützung von China erhalten, erleidet die französische Armee 1954 eine schlimme und entscheidende Niederlage bei Dien Bien Phu. Vietnam, Laos und Kambodscha (andere Gebiete Indochinas) werden unabhängig.

Kämpfer der Unabhängigkeitsfront Vietnams (sog. Vietminh)

Die Entkolonialisierung in Afrika

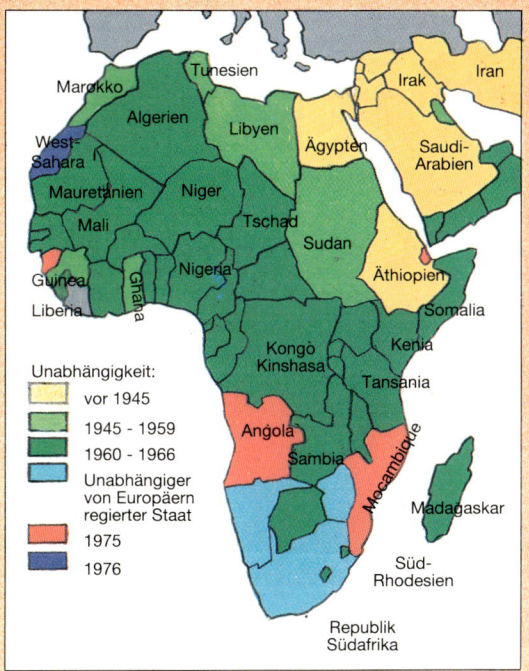

Unabhängigkeit:
- vor 1945
- 1945 - 1959
- 1960 - 1966
- Unabhängiger von Europäern regierter Staat
- 1975
- 1976

Seit 1951 gibt es Verhandlungen zwischen England und seinen afrikanischen Kolonien. Zwischen 1957 und 1965 erhalten alle britischen Gebiete ihre Autonomie. Dennoch beansprucht die weiße Minderheit in Süd-Rhodesien und der Republik Südafrika die Macht nach der Unabhängigkeit weiter für sich und führt eine Politik der *Segregation* (Absonderung) gegen die Schwarzen.

1947 unterdrückt Frankreich einen Aufstand in Madagaskar, bevor es der Insel 1960 die vollständige Unabhängigkeit zugesteht. 1956 erhalten Tunesien und Marokko nach jahrelangen Unruhen die Unabhängigkeit. Ab 1960 sind alle afrikanischen Staaten, die unter französischer Herrschaft standen, autonom.

1960 entläßt Belgien den Kongo in die Unabhängigkeit.

Portugal versucht, seine Kolonien Moçambique und Angola zu behalten, muß aber 1975 nach langen mörderischen Kriegen darauf verzichten.

Der Algerien-Krieg

Am 1. November 1954 beginnt die algerische nationale Befreiungsfront (FLN) den bewaffneten Aufstand gegen Frankreich. Beide Seiten kämpfen gnadenlos. Frankreich weigert sich, Algerien die Unabhängigkeit zu gewähren und schickt immer mehr Soldaten. Terror und Folterungen verschlimmern alles nur noch. Der Krieg fordert Hunderttausende Opfer. Als sich die Lage immer mehr zuspitzt, unterzeichnet General de Gaulle 1962 im Abkommen von Evian die Unabhängigkeit für Algerien.

Der Tag der Unabhängigkeit in Algier

169

Europa seit 1945

Der Wiederaufbau

In ganz Europa stehen in den ersten Jahren und Jahrzehnten nach dem Krieg die Beseitigung der Kriegsschäden und der Wiederaufbau an erster Stelle, ganz besonders im total darniederliegenden und zerstörten Deutschland, wo das sog. *Wirtschaftswunder* das Erstaunen der ganzen Welt erregt. Eines seiner besonderen Symbole ist der VW-Käfer, der das erfolgreichste Auto aller Zeiten wird (über 20 Millionen Stück). Es ist die „Ära Adenauer". Mit der Gründung der beiden deutschen Staaten beginnt aber auch die 40jährige deutsche Teilung.

Inbegriff des deutschen Wirtschaftswunders: der VW-Käfer aus Wolfsburg, das erfolgreichste Auto der Welt

In Frankreich ist die dominierende Figur vor und nach der langen Instabilität der 4. Republik (1946-1958) General de Gaulle, mit dem die 5. Republik beginnt.

Die „Ereignisse" von 1968

Nicht allen sind die Entwicklungen nach 1945 recht. Jugend und Studenten prangern die „Restauration" der 50er Jahre an. In Paris beginnt im Mai 1968 ein Studentenaufruhr, den die Regierung lange verharmlosend nur „Die Ereignisse" nennt. Er breitet sich über halb Europa und Amerika aus und vor allem auch nach Deutschland. Seitdem spricht man auch von der 68er-Revolution oder der 68er-Generation. Aus ihr gehen auch die radikalen Terroristen in vielen Ländern hervor, die Staat und Gesellschaft völlig verändern wollen. Sie scheitern aber.

In Frankreich wählen 1945 die Frauen zum erstenmal

Die Aussöhnung
Adenauer und de Gaulle sind die Symbolfiguren der deutsch-französischen Aussöhnung. Die „Erbfeindschaft" zwischen den beiden Ländern wird offiziell begraben, die beiden „Alten" umarmen sich in der Kathedrale von Reims. Die „neue Achse" Paris-Bonn gilt allgemein als Fundament jeder künftigen europäischen Einigung.

Öffnung zum Osten

Zu Beginn der 70er Jahre leitet der deutsche Bundeskanzler Willy Brandt mit seiner *Ostpolitik* eine neue Epoche ein, in der sich die starren Ost-West-Fronten allmählich auflösen. Spanien kehrt nach dem Tod des Diktators Franco zum Königtum und gleichzeitig aber auch zur Demokratie zurück. Die Anfänge der europäischen Einigung haben ihre Schwierigkeiten politischer, psychologischer und wirtschaftlicher Art. England entschließt sich nur schweren Herzens, aber aus Vernunftgründen, sich Europa zuzuwenden. Ein Jahrzehnt lang ist dort die umstrittene Premierministerin Margaret Thatcher die beherrschende politische Figur. Große innere Probleme hat England mit dem Bürgerkrieg in Nordirland. Die skandinavischen und neutralen mitteleuropäischen Staaten (Schweiz und Österreich) schließen ein zeitweiliges Gegenbündnis zur EWG/EG: die EFTA (europäische Freihandelszone).

Die beherrschenden Gestalten der europäischen Politik nach 1945

| Charles de Gaulle | Konrad Adenauer | Willy Brandt | Margaret Thatcher |

Der Nahe Osten

Nach 1945 lösen sich die arabischen Länder des Nahen Ostens von der Herrschaft der zwei Großmächte Frankreich und England. Die neuen unabhängigen Staaten Ägypten, Syrien, Irak und Libanon, verbunden durch eine gemeinsame Sprache, das Arabische, und eine gemeinsame Religion, den Islam, gründen die Arabische Liga.

Die Gründung Israels

Theodor Herzl hat Ende des 19. Jh. die zionistische Bewegung gegründet, die die Juden auf der ganzen Welt dazu aufruft, nach Palästina, in das Land ihrer Vorfahren, zurückzukehren. 1939 haben sich schon 425 000 Juden in Palästina niedergelassen. Nach dem Zweiten Weltkrieg, wird der Wunsch nach einem unabhängigen jüdischen Staat immer stärker. 1947 beschließt die UNO, Palästina zu teilen: in einen jüdischen und einen palästinensischen Staat. Aber am 14. Mai 1948 proklamieren die Juden Palästinas, ohne die vorgesehene Teilung abzuwarten, die Gründung des Staates Israel.

Die arabisch-israelischen Kriege

Die arabischen Nachbarländer Ägypten, Syrien, Jordanien, Irak und Libanon sind gegen die Gründung des jüdischen Staates. In den arabisch-israelischen Kriegen von 1948, 1956, 1967 und 1973 führen die Siege der Israelis zur Annektierung großer Gebiete. 1979 unterzeichnet Ägypten als erstes arabisches Land einen separaten Friedensvertrag mit Israel.

Israelis und Palästinenser

Die Palästinenser betrachten das Land, auf dem sie sich vor vielen Jahrhunderten niedergelassen haben, als ihr Eigentum. Es kommt zu blutigen Kämpfen, da sie den neuen Staat nicht anerkennen wollen. Die PLO (Palästinensische Befreiungsorganisation) kämpft seit 1964 für die Schaffung eines palästinensischen Staates. 1987 erschüttert ein palästinensischer Volksaufstand, die *Intifada*, die von Israel besetzten Gebiete. Seit 1991 werden durch die Vermittlung der UNO und der USA Friedensverhandlungen geführt.

Verschleierte Moslem-Frauen

Der islamische Fundamentalismus

1979 wird der Schah von Persien ins Exil geschickt. Ein religiöser Führer, Ajatollah Khomeini, übernimmt die Macht. Es entsteht eine islamische Republik, die, stark auf den Koran ausgerichtet, eine religiöse Diktatur ist. Dieser Sieg stärkt den Einfluß der „Fundamentalisten" in der islamischen Welt. Revolutionäre Bewegungen entstehen; die westlichen Wertvorstellungen werden abgelehnt und der Kampf gegen Israel und die USA proklamiert.

Kriegszerrüttete Länder:
Der Irak

Der Diktator Saddam Hussein befürchtet eine Ausbreitung der iranischen Revolution und stellt die Grenzen zwischen Iran und Irak in Frage. Zwischen 1980 und 1987 führt er mit dem Iran unter Khomeini einen mörderischen Krieg. 1991 annektiert der Irak sein reiches Nachbarland Kuwait. Alliierte Streitkräfte führen daraufhin unter amerikanischem Kommando den „Golfkrieg", einen Blitzkrieg gegen den Irak, der gezwungen wird, seine Truppen aus Kuwait wieder abzuziehen.

Der Libanon

Seit 1975 ist der Libanon Schauplatz blutiger Bürgerkriegs-Auseinandersetzungen. Zu den Konflikten zwischen der christlichen und moslemischen Bevölkerung kommt die Bedrohung durch die beiden ausländischen Mächte Syrien und Israel.

Der Nahe Osten am Ende des 20. Jh.

Die OPEC

Die arabischen Länder verwenden das Erdöl als „politische Waffe" gegen Israel und seine Verbündeten, besonders die USA. 1973 beschließen die Mitgliedsländer der Organisation der erdölexportierenden Staaten (OPEC), von denen die arabischen die einflußreichsten sind, ihre Produktion zu drosseln. Der Preis für Erdöl steigt daraufhin drastisch, eine Wirtschaftskrise in den ölabhängigen Industrieländern (Europa, Japan) ist die Folge.

Amerika seit 1945

Die Supermacht

1945 entfällt auf die Vereinigten Staaten über die Hälfte der Weltproduktion. Bis heute spielen sie wegen ihrer wirtschaftlichen und finanziellen Bedeutung eine wichtige Rolle in der Welt. Vor allem in der Hochtechnologie („High-Tech") sind sie überlegen (IBM z. B. besitzt 90% des weltweiten Marktes für Informatik). Diese wirtschaftliche Macht garantiert den Amerikanern trotz eines gewissen Rückgangs in den letzten Jahren nach wie vor den höchsten Lebensstandard der Welt.

Die amerikanische Währung, der *Dollar*, ist die internationale Leitwährung

Der amerikanische Imperialismus

Die ganze Welt treibt Handel mit den USA. Nichts kann die Ausbreitung des amerikanischen Großkapitalismus (besonders nach Lateinamerika und Asien) aufhalten, selbst nicht in die Länder, die die größten Feinde dieser Politik sind. Die amerikanischen multinationalen Unternehmen lassen sich in allen Ländern nieder. Die amerikanische Lebensart bietet der ganzen Welt Verhaltens- und Verbrauchermuster. Aber die Vereinigten Staaten sind auch eine Militärmacht. Sie sind die führende Atommacht der Welt.

Die UdSSR und sogar China haben das Coca-Cola, die Jeans, den Rock'n Roll und den Hamburger übernommen

Vietnam und die Folgen

Der Vietnamkrieg und die Erdölkrisen von 1973 und 1979 bremsen die Entwicklung und führen zu Inflation und Arbeitslosigkeit. Die Präsidenten Carter, Reagan und Bush kämpfen gegen diese Krise, aber der Neuaufschwung geht nur langsam voran. Amerika muß sich einer immer stärker werdenden, vor allem japanischen Konkurrenz stellen, besonders in der Autoindustrie. 1992 hat Amerika eine Arbeitslosigkeit von 9%.

Die zwei Gesichter Amerikas

Seit den 60er Jahren zeigt die amerikanische Gesellschaft zwei Gesichter. Auf der einen Seite ist der schier unermeßliche Reichtum, auf der anderen tiefste Armut. Trotz des allgemeinen Fortschritts leben 33 Millionen Amerikaner unter der Armutsgrenze. Man nennt sie bereits die „Vierte Welt". Arbeitslose, Rentner, Kranke und schwarze, puertoricanische und mexikanische Minderheiten sind am stärksten betroffen.

Der erste verlorene Krieg

1954 wird Vietnam geteilt: Der Norden ist kommunistisch und wird von der UdSSR und China unterstützt; den Süden unterstützen die Amerikaner. Im Süden bildet sich eine Nationale Befreiungsfront (Vietkong), die von nordvietnamesischem Militär Unterstützung erhält. Ab 1965 kommt es zu massiven Interventionen Amerikas, das die Ausbreitung des Kommunismus verhindern will; daraus wird der jahrelange Krieg, den Amerika trotz seiner technologischen Überlegenheit nicht gewinnen kann. Als die Öffentlichkeit sich immer heftiger gegen diesen Krieg wendet, eröffnet Präsident Nixon Verhandlungen, die 1973 zu den Verträgen von Paris führen. Die Amerikaner ziehen ihre Truppen aus Süd-Vietnam ab, das 1975 zusammenbricht.

Die Opfer der Armut sind größtenteils Farbige (31% der schwarzen Bevölkerung sind betroffen). Sie sind Opfer der Rassendiskriminierung und leben am Rande der Gesellschaft. Immer wieder kommt es zu Unruhen, z. B. in Detroit 1965 oder Los Angeles 1992. Es werden Stimmen laut, wie in den 60er Jahren die des farbigen Pastors Martin Luther King, die Gerechtigkeit, Gleichheit und Toleranz fordern.

175

Der Ostblock seit 1945

Die Führungsmacht

Nach ihrem Kriegssieg 1945 dehnt die UdSSR ihren Machtbereich auf ganz Osteuropa aus. Polen, Ungarn, Rumänien, Bulgarien und die Tschechoslowakei werden Staaten nach sowjetischem Vorbild. Ihre Wirtschaft wird nationalisiert und gelenkt, die Schwerindustrie erhält oberste Priorität, alles wird kollektiviert. Die kommunistischen Parteien haben alle Macht und bestimmen das ganze Leben.

Neuer Terror

Die stalinistische Diktatur setzt ihre Politik brutal und rücksichtslos durch. Die politische Polizei ist allgegenwärtig. Es gibt neue große Schauprozesse. Führer verbündeter kommunistischer Parteien, die als nicht „linientreu" gelten, werden zu Hunderten hingerichtet. Millionen Menschen werden in die GULAGs deportiert. Die großen „Säuberungen" finden erst mit Stalins Tod 1953 ein Ende.
Am 17. Juni 1953 gibt es in der DDR einen ersten Aufstand gegen die kommunistische Unterdrückung.

Militärparade auf dem Roten Platz in Moskau

Erste Reformen: Chruschtschow

Erstmals werden Stalins Verbrechen im März 1956 öffentlich verurteilt, von Nikita Chruschtschow, der jetzt der „starke Mann" ist. Damit beginnt die *Entstalinisierung*. Das internationale Klima entspannt sich etwas, und die Übergriffe der Polizei werden weniger. Trotz der Bereitschaft zu Reformen bleibt aber das politische und wirtschaftliche System erhalten. Chruschtschow wird 1964 seiner Ämter enthoben, sein Nachfolger ist Breschnew. Zwei Revolutionen werden von der sowjetischen Armee gewaltsam niedergeschlagen: 1956 in Ungarn und 1968 in der Tschechoslowakei.

Die Militärmacht

Die UdSSR hat die größte Armee der Welt. Die Rüstung genießt in allen Bereichen absoluten Vorrang, vom Rohstoffbedarf bis zu den qualifiziertesten Arbeitskräften. Die Verteidigung zehrt 20 % und mehr der nationalen Produktion auf. Unter Breschnew liefert die UdSSR sich den intensivsten *Rüstungswettlauf* mit den USA um die Weltherrschaft. Doch der Preis dafür ist hoch. Die landwirtschaftliche Produktionssteigerung und die Konsumgüterproduktion sind nicht groß genug, um den Bedarf der Bevölkerung zu decken.

Das Ende des Kommunismus

1985 schlägt die UdSSR unter Michail Gorbatschow angesichts der wirtschaftlichen Schwierigkeiten einen Reformkurs ein. Die Schlüsselworte seiner Politik sind *Perestroika* (Umbau) und *Glasnost* (Offenheit/Öffnung). Das führt zu einer allgemeinen Liberalisierung mit Pressefreiheit, freiem Unternehmertum, Öffnung zum Westen und Abrüstung. Aber die Verschärfung der Krise und der Wunsch nach Unabhängigkeit der Völker beschleunigen das Ende des Kommunismus.

Der Zerfall des Ostblocks

Ab 1989 befreien sich die Ostblockländer von der sowjetischen Abhängigkeit und sagen sich vom Kommunismus los. 1991 ist der Kommunismus auch in der UdSSR selbst am Ende, und die Sowjetunion zerfällt. 11 ihrer 15 Republiken machen sich selbständig und bleiben nur zum Teil lose in der sog. Gemeinschaft unabhängiger Staaten (GUS) verbunden. Mit dem Ende der UdSSR am 23. Dezember 1991 hat auch Gorbatschow kein Amt mehr und tritt ab.

Der allgemeine große Mangel an Versorgungsgütern führt in den Staaten der ehemaligen UdSSR zu täglichen langen Schlangen vor den Lebensmittelgeschäften

177

Zwei neue Mächte: China und Japan

Vom Reich zur Volksrepublik

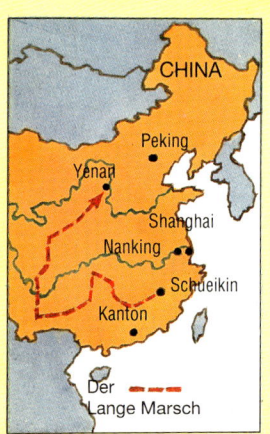

1911 bricht das chinesische Reich zusammen, da es ihm nicht gelingt, China in einen modernen Staat zu verwandeln und das Elend, in dem die Bevölkerung lebt, zu beseitigen. Die Republik wird ausgerufen. Aber China leidet viele Jahre lang unter einem Bürgerkrieg. Ende der 20er Jahre stehen sich die *Nationalisten* unter Präsident Tschiangkaischek und die *Kommunisten* unter der Führung von Mao Tsetung feindlich gegenüber. Aus dem Süden des Landes vertrieben, flüchten die Kommunisten in den Norden, nachdem sie 12 000 Kilometer zu Fuß zurückgelegt haben (der *Lange Marsch* 1934/35). 1949 besiegt Mao Tschiangkaischek und ruft am 1. Oktober die chinesische Volksrepublik aus.

Die Kulturrevolution

Ab 1949 wird China modernisiert, die Wirtschaft angekurbelt, das Elend weniger. 1966 ruft Mao Tsetung zur *Großen Proletarischen Kulturrevolution* auf. Diese Bewegung stützt sich auf die Jugend und die Gedanken des *Großen Steuermanns* (Mao), die in dem „Roten Buch" zusammengefaßt sind („Mao-Bibel" sagt man im Westen spöttisch). Vier Jahre lang verbreiten die „Roten Garden" Angst und Schrecken. Die Kulturrevolution fordert Millionen Opfer.

Eine Milliarde Einwohner

1971 wird China in die UNO aufgenommen. Nach dem Tod Maos 1976 öffnet sich China wirtschaftlich dem Westen und sichert sich einen Platz in der Reihe der Großmächte. Die Modernisierung der Wirtschaft steht an erster Stelle. Aber die kommunistische Partei bleibt mächtig; sie gewährt keinerlei poltitische Freiheit, und die Spannungen bleiben bestehen. 1989 endet in Peking eine Studentendemonstration für politische Freiheiten auf dem Platz des Himmlischen Friedens in einem Blutbad.

Die Geburt des modernen Japan

Bis ins 19. Jh. bleibt Japan selbstbezogen. Erst 1868 öffnet es sich der westlichen Welt und erwacht zu modernem Leben. Man nennt diese Zeit die *Meiji-Epoche* („aufgeklärte Epoche"). Zu Beginn des Jahrhunderts erlebt Japan einen rasanten wirtschaftlichen Aufschwung. Eine große Rolle spielt in Japan das Militär. In den 30er Jahren entwickelt sich eine expansionslüsterne Militärdiktatur. Als Verbündeter Deutschlands seit 1939 besetzt Japan einen großen Teil Asiens und beherrscht die Hälfte des Pazifik. 1945 muß es nach dem Abwurf der beiden Atombomben auf Hiroshima und Nagasaki durch die Amerikaner kapitulieren.

Eine große Wirtschaftsmacht

Bis 1951 ist Japan von den USA besetzt, die die Demokratisierung des Landes überwachen und seinen wirtschaftlichen Wiederaufschwung unterstützen. Danach wird es als Verbündeter der USA wieder ein souveräner Staat und tritt 1956 in die UNO ein. Es erlebt einen dramatischen Aufschwung; in nur 20 Jahren verfünffacht sich seine Wirtschaftskraft. Qualifizierte Arbeitskräfte sind im Überfluß vorhanden. Die Arbeit wird zum Kult. Die Schlüsselindustrie (Optik, Präzisionsinstrumente, Autos, Motorräder) wird vom Staat gefördert. Am Ende des 20. Jh. ist Japan die zweitgrößte Wirtschaftsmacht der Welt.

Die Japaner bleiben auch ihren Traditionen treu. Auch heute gibt es noch Frauen im Kimono bei der Teezeremonie

Ein ultra-modernes Viertel, japanische Hauptstadt Tokio

179

Die europäische Einigung

Der erste Schritt 1950

Europa liegt 1945 nach dem Weltkrieg völlig am Boden. Die UdSSR und die USA setzen sich als die beiden einzigen Supermächte durch. Da die Ostblockländer Satelliten der UdSSR sind, versuchen die Länder Westeuropas, sich zu vereinigen, um ein Gegengewicht zu den beiden Großmächten zu schaffen. Robert Schuman und Jean Monnet legen 1950 die ersten Pläne für eine Zusammenarbeit vor, zunächst bei der Produktion von Kohle und Stahl. Im April 1951 wird die Europäische Gemeinschaft für Kohle und Stahl (Montanunion) gegründet. Sie hat sieben Mitglieder: Bundesrepublik Deutschland, Frankreich, Belgien, Niederlande, Luxemburg und Italien.

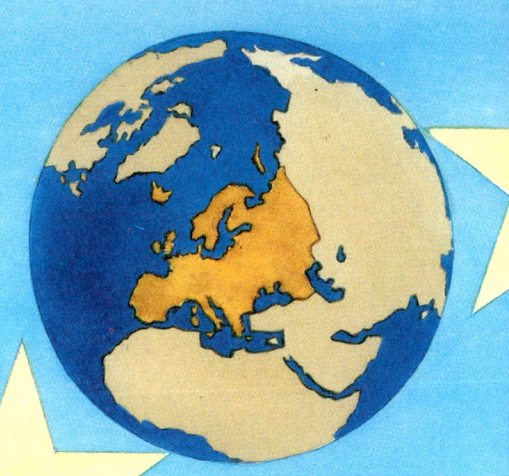

Europa reicht vom Atlantik bis zum Ural

1957-1993: Von der EWG zum Gemeinsamen Markt

Am 25. März 1957 wird der Vertrag von Rom, das Gründungsdokument der Europäischen Wirtschaftsgemeinschaft (EWG), unterzeichnet. Die „Sechs" setzen sich darin das Ziel, etappenweise die wirtschaftlichen Grenzen untereinander aufzuheben. Zwischen 1972 und 1986 treten England, Irland, Dänemark, Griechenland, Spanien und Portugal der EWG bei. Diese europäische Gemeinschaft der zwölf Staaten (350 Millionen Einwohner) ist die stärkste Wirtschaftsmacht der Welt. 1986 unterzeichnen die „Zwölf" den europäischen Einigungsvertrag für eine gemeinsame Sozialpolitik, verstärkte politische und finanzielle Zusammenarbeit und den europäischen Binnenmarkt ab 1993.

Robert Schuman (1886-1963)

Die Europa-Fahne

Jean Monnet (1888-1979)

Der Ecu ist die Währungseinheit des vereinten Europa

Seit 1980 kämpft die polnische Gewerkschaft, *Solidarność*, unter Lech Walesa gegen das kommunistische Regime. 1989 setzt sie eine Regierung ohne kommunistische Führung durch

1988-1992: der Sturz der kommunistischen Regime

Der starke Wunsch nach Unabhängigkeit manifestiert sich jetzt auch bei den anderen Ostblockstaaten. Ab 1988 kündigen Demonstrationen in Polen, der Tschechoslowakei und in Ungarn die Befreiungsbewegung an, die 1989 zum Sturz der meisten kommunistischen Regierungen führt. 1991 zerfällt sogar die UdSSR selbst. Aber der Wunsch nach Unabhängigkeit unterschiedlicher Minderheiten ist auch ein Grund für tiefe Konflikte, wie z. B. in Jugoslawien, wo sich Serben, Kroaten und Moslems aus Bosnien-Herzegowina seit 1991 bekämpfen.

1990: die Deutsche Wiedervereinigung

Am 9. November 1989 öffnet sich die Grenze zwischen Ost- und Westdeutschland. In Berlin wird die Mauer niedergerissen, die seit 1961 die Stadt in zwei Teile teilt. Tausende Ostberliner stürmen in den Westen. Die Wiedervereinigung der beiden Teile des Landes wird debattiert und verhandelt. Bundeskanzler Helmut Kohl arbeitet einen Plan zur Wiedervereinigung aus, der am 3. Oktober 1990 in Kraft tritt.

Die dritte Welt

Die *dritte Welt* besteht aus den Ländern, die wirtschaftlich unterentwickelt sind, in der Regel ehemalige Kolonien in Lateinamerika, Schwarzafrika, Nordafrika, Indien, Süd-Ost-Asien oder dem Mittleren Osten. In diesen Ländern leben über zwei Drittel der Menschheit.

Die Bevölkerungexplosion

In den Ländern der dritten Welt führt der medizinische und hygienische Fortschritt zu einem ständigen Anwachsen der Bevölkerung. Die Zahl der Geburten übersteigt mit 100 Millionen im Jahr bei weitem die Zahl der Sterbefälle mit 30 Millionen. Einige Staaten der dritten Welt betreiben heutzutage eine Bevölkerungspolitik, die auf Geburtenkontrolle ausgerichtet ist.

Elend und Unterernährung

Die landwirtschaftliche Produktion reicht nicht aus, die wachsende Bevölkerung ausreichend zu ernähren. Die Kindersterblichkeit ist sehr hoch (5 Millionen pro Jahr). Es fehlt an Arbeit. Die Menschen wandern vom Land in die Städte ab, in deren Umgebung riesige *Slums* entstehen. Viele emigrieren auch in die reicheren Länder. Das Elend zwingt auch die Kinder zum Arbeiten. Nur wenige besuchen eine Schule, und deswegen ist die Zahl der Analphabeten sehr hoch.

In den Städten der dritten Welt existiert ein starker Gegensatz zwischen Arm und Reich

Zahlreiche Hilfsorganisationen (Rotes Kreuz u. a.) kümmern sich um die notleidende Bevölkcrung

In die Gebiete, in denen Hungersnot herrscht, werden Nahrungsmittel aus dem Westen gcschickt

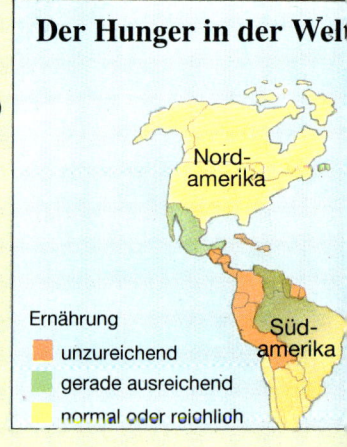

Der Hunger in der Welt

Nord-amerika

Süd-amerika

Ernährung
- unzureichend
- gerade ausreichend
- normal oder reichlich

Die Slums entstehen direkt neben den modernen Gebäuden

Die Lebensmittel-Abhängigkeit

Die Unzulänglichkeit der landwirtschaftlichen Produktion, der Mangel an Fachleuten und Geräten für die Organisation und Entwicklung der Wirtschaft erfordern die Hilfe der Industrieländer. Aber dieser Beistand führt meist zu einer Abhängigkeit von den Industrieländern. Das Entwicklungsland, das den Großteil seiner Lebensmittel importiert, muß seine eigenen Produkte oft gezwungenermaßen exportieren.

Die industrielle Abhängigkeit

Einigen Ländern der dritten Welt, die viele Rohstoffe besitzen, ist eine bedeutende industrielle Entwicklung möglich, wie z. B. Indien, China oder Brasilien. Aber da der Großteil der Bevölkerung arm ist, finden die hergestellten Güter keinen Absatz und müssen also in die Industrieländer exportiert werden, die selbst den meist niedrigen Kaufpreis dafür festsetzen. Die Entwicklungsländer führen dafür zu hohen Preisen zahlreiche Konsumgüter ein; damit verstärkt sich das Ungleichgewicht der Wirtschaftszweige weiter.

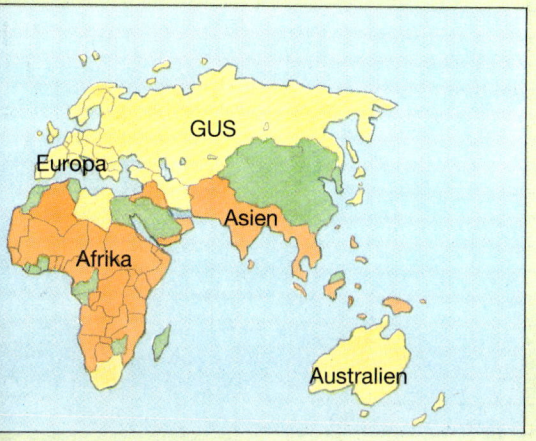

Revolutionäre Bewegungen

Das Elend in den Ländern der dritten Welt ist der Grund für die Entstehung von Revolutions- und Guerillakriegen, Bauernaufständen und sonstiger Unruhen (Indonesien, Kuba, Kambodscha, Peru, Angola, Äthiopien u. a.). Die Macht liegt in den Händen einer privilegierten Minderheit, die meist von den westlichen Ländern angesiedelt und unterstützt wird und Polizei und Armee beherrscht. Sie verwehren der Bevölkerung ihre Rechte, unterdrücken sie und gehen hart gegen sie vor.

Die Technik der Zukunft

In diesen letzten Jahren unseres Jahrhunderts erleben wir eine wahre „Explosion" in den Bereichen Wissenschaft und Technik.

Die Datenverarbeitung
Die Informatik ist der Grundstein für diese neue wissenschaftliche Revolution.

Roboter
Roboter sind programmierbare Maschinen, die meist an einen Computer angeschlossen sind. Sie werden immer weiter verbessert und leisten große Dienste in der Industrie.

Computer
Computer lesen, speichern und bearbeiten Millionen Informationen, führen komplexe Berechnungen aus, steuern Maschinen aus der Entfernung und kontrollieren Flugbahnen. Heute setzt man sie in allen Bereichen ein.

Man lebt besser
Seit 50 Jahren entwickelt sich die Medizin immer weiter. Dank ihr leben wir heute besser und länger als früher. In Europa liegt heute die Lebenserwartung der Männer bei 72 Jahren und die der Frauen bei 79 Jahren.

Neue Gebiete der Medizin sind die *Organtransplantationen* (Herz, Nieren, Lunge) und *künstliche Befruchtung* (eine Eizelle der Mutter wird entnommen, im Labor befruchtet und dann wieder in den Körper eingesetzt). Die Behandlung von Krebs und AIDS wird immer weiter verbessert. Die Technik (Ultraschall, Scanner) erlaubt genauere Diagnosen. Für feine Eingriffe verwendet man einen *Laserstrahl*.

Die Kernkraftwerke
Sie liefern elektrischen Strom. Obwohl sie nicht sehr umweltschädlich sind, können sie gefährlich werden, wenn Unfälle vorkommen. 1986 kommt es durch die Explosion des Kernreaktors von Tschernobyl (Ukraine) zu schweren Strahlenschäden der Umwelt und Tausender Menschen.

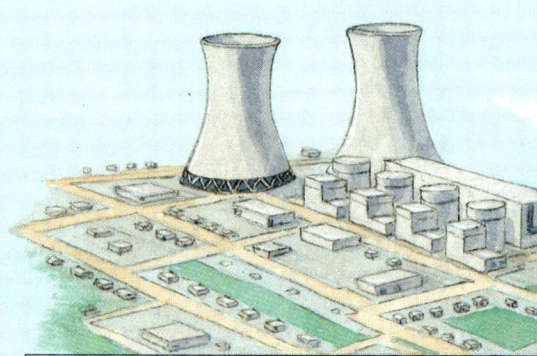

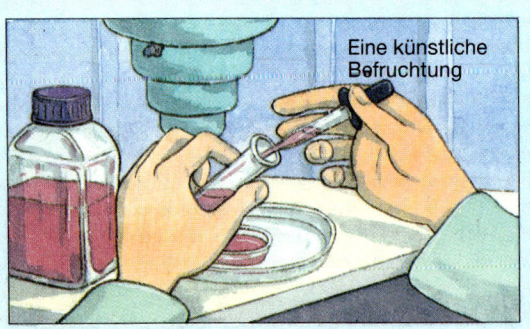

Eine künstliche Befruchtung

U-Boot mit Atomkraftantrieb

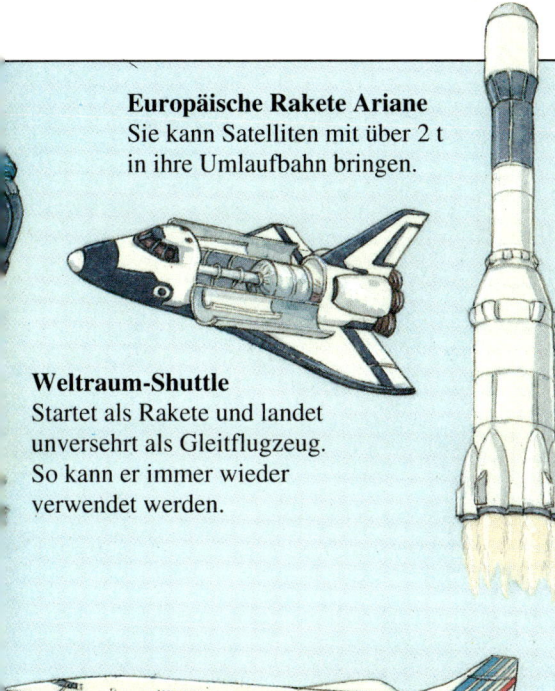

Europäische Rakete Ariane
Sie kann Satelliten mit über 2 t
in ihre Umlaufbahn bringen.

Weltraum-Shuttle
Startet als Rakete und landet
unversehrt als Gleitflugzeug.
So kann er immer wieder
verwendet werden.

Die Concorde
Dieses Überschallflugzeug wurde gemeinsam von
Frankreich und Großbritannien entwickelt und
fliegt mit einer Geschwindigkeit von 2 200 km/h.

**Hochgeschwindig-
keitszüge**
Sie fahren mit einer
Geschwindigkeit bis
zu 300 km/h.

Die Atomenergie

Die Kernenergie läßt sich auf verschie-
denste Weise nutzen für friedliche
Zwecke (in Frankreich produzieren die
Kernkraftwerke bereits 75% der Elektrizität) und militärische: zum Bau von
Waffen oder für atomkraftbetriebene
U-Boote. Die Entwicklung von Atomwaffen stellt eine ständige Bedrohung
für unseren Planeten dar.

Die Eroberung des Weltraumes

1957 bringen die Sowjets den ersten künstlichen
Satelliten, Sputnik I., in die Umlaufbahn
der Erde.
1969 landen die amerikanischen Astronauten
Armstrong und Aldrin als erste Menschen
auf dem Mond.
1979 bringt die europäische Trägerrakete Ariane
den ersten Satelliten in ihre Umlaufbahn.
1981 starten die Amerikaner den ersten Weltraum-Shuttle.

Die Eroberung des Weltraumes hat auch
strategische Bedeutung. Beobachtungs-
und Aufklärungssatelliten übermitteln
Informationen über bestimmte Gegenden.

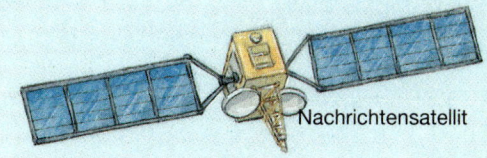

Nachrichtensatellit

Weltweite Kommunikation

Der technische Fortschritt trägt bei zur
Erforschung der Erde und bringt die
Menschen einander näher. Informationen
können heute in wenigen Sekunden
weltweit übermittelt werden. Die Nach-
richtensatelliten ermöglichen es, mit
Menschen in anderen Erdteilen zu tele-
fonieren und Ereignisse über Fernsehen
in weite Teile unseres Planeten direkt zu
übertragen. Zeit und Entfernungen
schrumpfen so zusammen.

REGISTER